后浪出版公司

普通人的
成事方法论

SERIAL WINNER : 5 ACTIONS TO CREATE YOUR CYCLE OF SUCCESS

LARRY WEIDEL

[美] 拉里·维德尔

秦程程 译

江西人民出版社
Jiangxi People's Publishing House
全国百佳出版社

目 录

做人生的连环赢家

我们身边从不缺乏这种人，成功时时刻刻伴其左右，一个接一个，几乎未曾中断。这些人总在谈论下一个大计划，下一份宏图伟愿。他们永远为某些事激动万分。他们似乎拥有无限的能量，让他们有机会缔造累累硕果。他们是楷模，乐于表达自己的见解；他们是领头羊和开辟者，在生活中秉持着自立自强的精神。对于他们来说，每天都有意义，每天都极具价值。

他们是超级赢家。与成功近在咫尺却擦肩而过，这样的例子数不胜数，但这些极少数的幸运儿却能一赢再赢。

在大多数人看来，超级赢家是解不开的谜团。他们好像就有这种能力，让不幸远离，让幸运光临。于是，我们不禁要问：他们如何找到力量的源泉？如何寻觅机遇？如何快速达成目标？如何把一切事务安排妥当？我们只是不明白，超级赢家究竟是如何养成的。因为多数情况下，这些幸运儿们看上去并无特异之处。许多人与我们有着相同的起点。当然，有些经历过精英训练，但多数人没有任何优势可言（有的甚至还不如我们）——他们从街边工人一步步奋斗到命运的制高点。（你知道吗？美国大多数百万富翁都是白手起家，自己打拼出来的富一代。）

所以，我们试着效仿他们的所作所为，研究他们的只言片语。也许，我们会挑几句大赢家们说过的金玉良言，把它们钉在墙上。甚至，对于他们的习惯——穿衣打扮、举手投足以及发型样式，我们也会照搬照抄。这些超级赢家俨然成了我们的榜样。为什么？因为我们同样渴望成功，盼求机遇，期待奉献社会，营造充实生活，并从中获得乐趣！总之，我们想成就大事。然而，从目前情况看，我们仍旧忽略了其中重要的一环。

那就是如何行动——引领你取得成功的行动。

超级赢家都是行动主义者，正是一系列的赢家行动帮助他们取得了辉煌成就。每天，他们都在实践，都在通往人生目标的道路上前行。旅途中，他们必须克服各种各样的困难，历经重重阻碍。这些半路杀出的拦路虎会阻挡你前行的步伐，甚至让你偏离人生的方向。但这些超级赢家却能逆水行舟，蹚过危险之河，因为他们知道自己能做什么，应该做什么。所以结果呢？赢家永远是赢家，他们不停向前，既追随着内心的激情，充分享受快乐，又完成了奉献社会的使命。

你呢？想达成的目标都达成了吗？你在不断进步还是裹足不前？你是否渴求突破，寻求创新，是否想百尺竿头，更进一步？你是否想创造辉煌事业，打造精彩人生，为这个世界添光添彩？

如果你安于现状，本书可能不适合你。但如果你渴望干一番大事业，本书绝对可以成为你的帮手。因为成为超级赢家并非登天之难，只要做好五件最基本的事，你也能拥有辉煌人生。

没什么能阻止你完成这五件事。

⏱ 行动没有专利

大家都是有输有赢，虽然表面上看并非如此。人生如同棒球赛，没有百分百的安打率，也没有永远的三振出局。倘若有人持不同意见，那他肯定是要向你兜售点什么，千万别忘记阅读免责条款。连环赢家都有百折不挠的精神，即便处处碰壁，也要奋勇向前，最终，他们都收获了胜利的果实。而取得胜利的关键就在于行动二字。

我曾取得过巨大的成功，我也曾为了不让妻子和两个儿子挨饿而领过食品救济券。如今，我身家百万，但过去也曾被老板贬损得一文不值。在公司的官方通信软件中，他还把我称作"本月最失败人物"（我可没开玩笑）。我知道诸事不顺的痛苦，了解与晋升机会擦肩而过的遗憾，也明白为他人进步而鼓掌喝彩有多失落。但一路跌跌撞撞走来，对于成功，我却有了更深刻的领悟。在过去四十年里，我致力于打造一家服务于全国的金融公司，帮助越来越多的团队成员获得了他们梦寐以求的成功。到目前为止，好几百人的年收入已经达到了六位数，更多人甚至成了"百万富翁"。的确，与某些人相比，我必须咬牙坚持，并且更努力地工作，但过程越艰辛越长久，你就会越珍惜得来不易的成果，珍惜你所学到的一切。

想当初事业刚起步时，形势异常艰难。但一无所有却成了我的优势所在。我知道，只有用心学习，虚心求教，才能真正出人头地。于是，我认真研究那些熟知的成功人士，多问问题，多打听。（他们看见我时居然没有绕道，真令人吃惊。）通过逐步梳理和详细分析，我终于知道了自己如何做才能改变现状。原来，那些所谓的成功人士并不比我优秀到哪去。他们只是做了我没有做的事而已。

这才是重点：我们可以模仿成功者的所作所为，没人能加以阻挡。智慧没有版权，行动也没有专利权。

我最大的幸运就是周围有一群可以信赖的专业人士。外号"子弹鲍勃"的特利是位专业投手，也是赛扬奖①得主，是他教会我如何做一名教练。我的表亲爱德华·罗伯茨被人称为"个人电脑之父"，从他身上，我学到了如何追随自己的好奇心以及如何自我驱动。阿尔特·威廉姆斯是 A.L. 威廉姆斯联合人寿保险公司（现在叫普美利加）的创始人，在如何做个成功的领导者方面，他给予我颇多启发。

我所得到的一切都是从成功者那里学来的。他们是如何做的？他们如何爬到人生顶端，如何一直身居高位？我不是只模仿某个人，而是观察整个群体，看他们都干些什么，因为很明显，成功者做的事大部分人都没有做到。人生如此短暂，单打

---

① Cy Young Award，美国职业棒球大联盟每年颁给优秀投手的奖项。

独斗、闭门造车根本无法参透生命中的所有奥秘。

　　但不幸的是，并非所有人都有机会向大师请教。连环赢家总是高高在上，距离普通人太远，所以你无法窥测到他们成功的捷径。因此我才写了这本书——让普通大众知晓连环赢家们的成功秘诀，助大家在人生之路更上一层楼，收获新的成功与幸福。

⏱ 成功的五个步骤

　　经过多年研究，我终于总结出了成功者的行为模式——只有践行该模式，他们才能一路披荆斩棘，达成所愿。从开始到结束，如此循环往复，日积月累，连环赢家就是这么养成的。以下五个步骤让他们走上成功之路，并永远立于不败之地。这五个步骤是什么呢？

- 及早决定
- 300% 努力
- 调整适应
- 100% 完成
- 持续改进

　　没错，这些概念一点都不复杂。但各个阶层的人生赢家们都心心念念着如何运用五步法获得成功。然而，为何大部分人与成功无缘呢？因为他们并没有真正搞懂五步法的内涵，没有将其运用到实际中去，又或者没有坚持到底。"好的，好的，我知道了。"人们总这样说。但实际上，在他们看来，这些概念根本不重要，因为实在是太简单了。里面肯定还有更深刻的内容，对吧？循着这个思路，人们开始到处找寻内心更复杂的答案，但却忽略了现实已经给出的正确回答。

那些想在事业上更进一步，却苦于找不到方法的人可以和成功者学到一招半式，可以把所学运用到实际中。成功者喜欢将事情简单化。他们也是从这些最基本的做起。所以如果你发现自己在问这种问题："谁说我只能冷眼旁观？谁说我只能拾人牙慧，眼睁睁看着别人干我想干的事？"那你只能劝劝自己，毕竟，大家都是这样起步的。

⏱ 成功不是一锤子买卖

威尔·罗杰斯说过："即使你站在正确的轨道上，但如果你停滞不前，别人也会赶超你。"你也许是个努力工作的人。你也许态度积极，颇具上进心。（事实上，我百分百确信，各位读者都是这样的人，因为懒惰、消极的家伙是不会买这本书的。）但想要成功，你必须马不停蹄，奋勇向前。成功可不是一锤子买卖。

不幸的是，当某种力量突然袭来，将我们推出既定轨道，那一刻，我们会不知所措，彷徨无助。由于不知道接下来该怎么办，很多人便停下脚步，无所事事。

　　而我能做的，就是针对那个最根本的问题给出具有实际操作性的答案："现在，我该做什么？"答案是："从关键着手。回归原点。"胜利的循环总能指引我们找到正确的做法。无论生命抛给他们何种难题，成功者都能恰当应对。

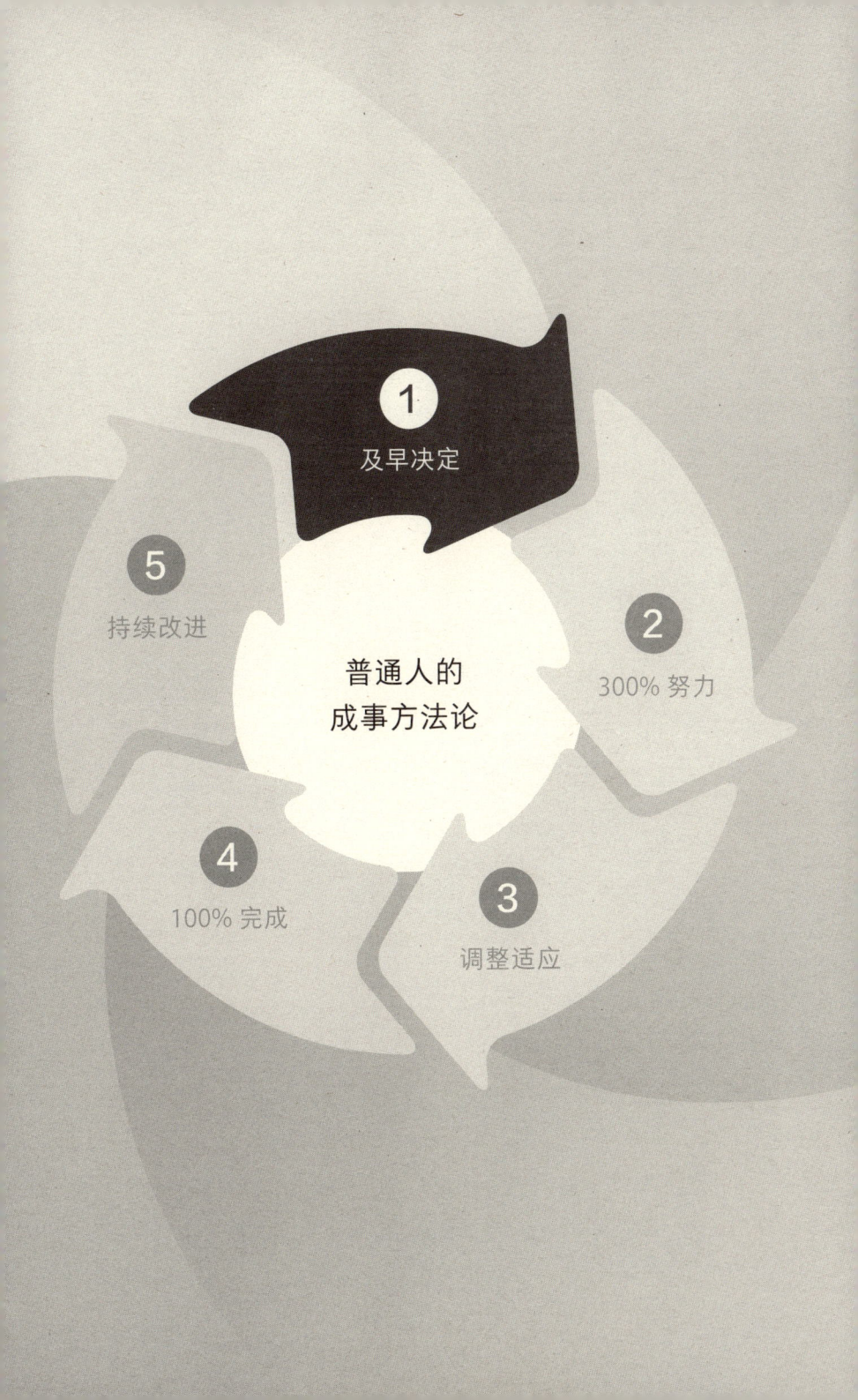

1 及早决定

5 持续改进

2 300% 努力

普通人的
成事方法论

4 100% 完成

3 调整适应

第 1 章

及早决定

所谓时间不等人，在橄榄球比赛中，大家都要争分夺秒。

作为教练，还没等你回过神来，比赛就结束了。在比赛进程中，你也许发动了 75 次攻击，每次都以触地得分为目标。如果运气够好，你也许可以拿三四分。无论你在比赛中做出何种决定，都是当下最好的选择。就算没达成既定目标，至少也增长了经验，再遇到相似情况，你的把握就会更大，情势也对你更有利。总之，不管发生什么，切忌浪费时间，裹足不前。**因势而动，将比赛进行到底。**

阿尔特·威廉姆斯经常这样告诫我，令我受益匪浅：

> **成功就要勇往直前。**
>
> **想勇往直前，就要不停做出抉择。**

不幸的是，许多立志成大业的人却由于种种原因半途而废。有的出师不利，刚开个头就不了了之。有的无法坚持到底，只好打退堂鼓。究其原因，也许是被人说能力不够，因而泄了气；也许是周围没人协助，所以不知接下来该怎么办；也许某件事做错了，所以慌了手脚，想不出弥补的办法。无论原因为何，总之他们失了底气，心中犹疑不决，因而耽搁了时间，也贻误了战机。他们轻信别人的话，认定自己能力不够，认定自己根本搞不清自己真正想要什么。最终，他们不再做决定，放弃尝试的机会，开始裹足不前。

连环赢家从不将负能量放在心上，他们不怀疑自己，不会裹足不前。缺乏能力不重要，有人拆台也不重要。连环赢家只注重自己的目标，不太在意为什么自己无法达成目标。只要决定去做，他们就全身心投入，他们知道自己想要什么——升职、加薪、开创新事业、涉足商界——他们立大志，并付诸

做出决定还是浪费时间
无论如何选择，时间都在一分一秒地流逝

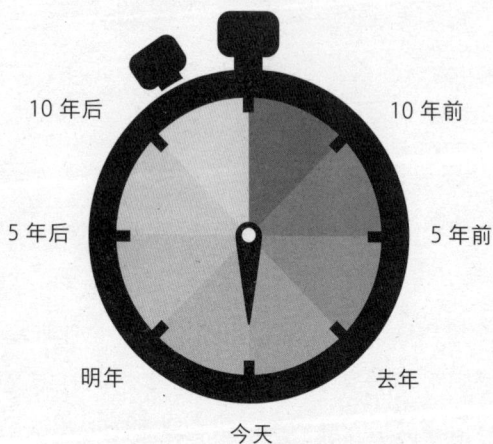

10 年后   10 年前

5 年后   5 年前

明年   去年

今天

行动。对连环赢家来说，他们每天都要做几个小决定，矢志不移地沿着既定路线奋勇拼搏，一步一个脚印。

* * *

⏱ 胜利者从不自我怀疑

执着于细节、到处找借口和犹豫不决是名副其实的梦想杀手，而以上三者均来源于自我怀疑。

人人都会自我怀疑。总有某个时刻，我们会怀疑自己是否具备取得成功的能力，是否能做出正确的决定。为什么？因为无人可预知未来。和普通人一样，成功者也会自我怀疑。他们明白，成功是挣来的。想实现人生目标，你必须计划周密，绝不能随随便便。面对如此严酷的现实，自我质疑是无法避免的。

一旦疏于防范，质疑便会乘虚而入，将内心的勇气杀得片甲不留。从此，我们便一蹶不振，踏上歧途。奔涌而出的挫败感转移了我们的注意力，浇灭了激情的火焰，浪费了宝贵的时间。光阴不等人，你要么把时间耗费在忧心忡忡，自我怀疑上，要么把时间用来工作。

当你因怀疑而陷入当断不断、踌躇不定的混乱中，恐惧便会悄然而至。所有行动只能停摆。一旦不再付诸行动，你就没有希望可言。

> 恐惧招致瘫痪，瘫痪导致失败。

内心产生怀疑时，成功者能以最快速度修正自己，不让自己犹豫不决，瞻前顾后，钻牛角尖。决断可以斩杀怀疑，让自己行动起来。连环赢家们知道，心灰意冷、困惑不解、停止工作是最糟糕的。但怀疑也未尝不可，因为只有看清事实才能找到正确的前进道路。伽利略曾说过："一旦发现，所有真理都是容易理解的；而真正困难的是如何发现真理。"困顿是明晰的起点。世界就是这样进步的，我们也是这样进步的。

做自己的决定，干想干的事，这样才能创造自己想要的生活。人只有两种选择，过自己的生活或按别人的指示生活。人生是自己的，只能自己体验，所以我们不妨按自己的想法生活。

在余下的章节中，我会为大家剖析引发自我怀疑的各类源头，只要稍有大意，怀疑就会趁虚而入，搅乱你的生活。如果现在你觉得自己被卡出了，无法前进一步，那你就要认真地检视自己，知道什么是可能，什么是不可能。

跳出自己的小世界

由于父亲在军队工作，所以小时候我们每年都要搬家。21岁时，我已经搬过27次家，转过12次学，足迹遍布4个州、3

个国家。长大后我才注意到，不同地方的人，世界观也各异。有时，这些世界观是完全冲突的。即便在孩提时代，我有时也能发现周围人的世界观并非正确——那时，我已游历了大半个世界。但许多人缺乏这种机会。他们只生活在自己的小世界中。

无论承认与否，也许你们都活在自己的小世界中——或者在某种程度上，我们都是如此。

这狭窄的小世界始于我们的成长环境。它由各种观点、价值观、信仰和特权编织而成。在性格形成的早期阶段，我们从父母和其他成年人那里接受教诲。在这个狭窄的小世界中，我们学会了辨别是非；知道了哪些人值得信任；明白了什么重要什么不重要；我们属于哪里不属于哪里；还有最关键的，什么可能，什么不可能。家人、老师和周遭所有人按照自己的所学所感编织了这个狭窄的小世界。这些态度与信仰已经深深嵌入我们的成长经历中。即便我们和他们具有完全不同的人生，但在万千细小方面，我们早已被深深影响了。通常情况下，我们根本意识不到自己陷得有多深。

许多心灵鸡汤都是小世界的产物，比如"有志者，事竟成"，或"你已经具备了成功的素质"。但根据我的个人经验，大多情况下，心灵鸡汤都不怎么好使。我敢打赌，有些诞生于小世界的鸡汤金句根本无法令你受益，相反，它们只会限制你的发展。它们会说服你相信"成功绝不会发生在像你这样的人身上"。而事实是，受到成功谬论的消极影响，我们已经潜移默化地承认了这种观点。

怎么？不相信小世界的神奇力量？那就透过科学，看看脑中的观念如何影响我们在工作中的发挥，影响我们的学习能力以及生活中的方方面面吧。卡罗尔·德韦克是畅销书《终身成长》的作者，她召集了一批中学生进行心理测试，这些人的数学成绩很糟糕。所有人被分为两组，分别接受数学辅导。第二组成员除了数学知识外，还被告知"智力是可以通过后天锻炼而提升的"，只要努力学习，他们仍然可以变聪明，可以取得较好的数学成绩。培训结果如何，你能猜到吗？第二组成员的数学成绩果然有所提高。为什么？因为他们相信自己能做到！第二组的某位成员告诉我们，得知可以通过努力提高数学成绩后，他不再怀疑自己了。心有多大，舞台就有多大，这果然是颠扑不破的真理。

这个狭窄的小世界就是我们的阻碍——除非我们敢杀出重围。小世界来自哪里不重要，是什么样子也不重要。只有从中跳脱出来，你才能将潜能发挥到极致，否则只有望洋兴叹的份。那些冲出来的人，要么是被逼无奈，要么是经历一番艰苦奋斗后才跳出窠臼。现在，先让我替你捋清思路，戳破小世界中的虚伪神话。

关于优势的谬论

有些人天生就是成功者，有些人如何努力也无法成功，这种谬论流传甚广，深入人心。良好的家世，崇高的社会地位，广泛的人脉是成功必不可少的因素。这些关于成功优势的谬论渗透进我们的意识，影响着我们的思维和行动。

虽然阻碍大家发展的小世界各有不同，但谬论却是共通的。其中流传最广，最能摧人心智的就是关于优势的谬论：

谬论1：成功者都是天生的

让我们谈谈那些天赋异禀者。你知道他们是谁。他们更聪明，学东西更快。他们天生就是运动达人，擅长音乐，还是计算机高手。他们极具魅力，性格出众，走到哪都鹤立鸡群。研究证明，相貌出挑，个子较高，智商超群的人收入更好。他们是天生的赢家，如果你无法跻身其中，就只能甘居人后。

谬论2：成功者都来自优越的家庭

家庭条件优越，你就是天生的赢家，这理所当然。父母既是成功人士，又对孩子宠爱有加。他们的成长环境得天独厚。父母从不严厉批评，也不轻视他们，反而对他们全力支持，鼓励他们学习、竞争，尽力做最好的自己。如果需要进一步协助或提供特殊的物质帮助，父母也能很好满足他们的需求。

通常情况下，优越的家庭意味着高质量的人际关系网，亲朋好友都乐于帮助他们取得更好的发展。祖父母、叔叔伯伯、姑姑阿姨、表亲、邻里乡亲——所有人都期盼他们大获成功。家庭条件优越的人在安全的环境中长大，他们知道自己绝不会"单打独斗"。他们有人疼爱，有人教导，有家人和朋友的殷切关怀，根本不用惧怕未来。他们已做好准备，成功是手到擒来的事。通往人生巅峰的路早已铺就。

谬论3：成功者都是饱学之士

教育可以创造他人难以匹敌的优势。成功者之所以成功，很大一部分要归功于他们的教育背景。通常情况下，成功者大多是名校毕业生。他们受的是为其量身打造的精英教育，这是多少人梦寐以求的机遇。教育层次高，思想水平自然也高。他们知道如何运筹帷幄，如何实现创新，成功者永远不会思维枯竭。多难的问题，到他们那里都能迎刃而解，这些人是天生的领导者，具备卓越的组织能力，绝对可以成大事。

接受高端教育让这些成功人士有机会与高水平专家面对面交流——这些人对成功者青眼有加，愿意开小灶，亲自向他们传授获取成功的秘密法门。一旦问题出现，专家们可以立刻为其支着，让他们顺利渡过难关。所以，成功者从未陷入困境。

如果你没有成功者的标配怎么办？如果你没那么高的天赋怎么办？如果你的家庭没那么优越，家人无法全力支持你，无法承担费用高昂的精英教育怎么办？你应当放弃！和天生赢家比一点意义都没有，人家有最好的机遇，最高端的人际关系网，根本不用像你那样，白手起家，随时准备品尝失败的痛苦。

怎么样，这些话听起来像不像胡扯？没错，这是名副其实的谬论！但在某些程度上，大部人都会被其蛊惑。狭窄的小世界给我提供了关于成功者的刻板印象：我们的人生充满缺憾，根本无法实现既定目标。

下面这个才是真相：

任何一项优势都无法成为你获得成功的保证。

缺少某个优势也并不意味着你一定失败。

打破谬论

我们只能靠自己的能力克服不利环境，充分利用自己拥有的一切。在真理面前，谬论是站不住脚的。卡尔文·库利奇（Calvin Coolidge）说过："坚持到底的勇气是无可取代的。天赋不能取代它，很多失败者都是颇具天赋之人。天才也不能取代它；成功不属于天才已经成了至理名言。教育也不能取代它；受过教育却毫无成就者随处可见。只有坚持和决心才是无所不能的。"

每个人都有与生俱来的天赋和才能，这是上帝的恩赐。这些优势的确能帮你获得成功——但前提是你愿意开发它们，愿意对其加以利用。

但不幸的是，人们常常喜欢暴殄天物。有时，优势太多会起到反作用。天才的日子并不好过。对优秀的运动员来说，他们也许要随时证明自己并非"笨蛋"。天才需要努力证明自己绝非等闲。在大部分人看来，拥有美丽的外表必然缺乏高明的智慧。（发现某位超模毕业于常春藤名校，你会有多吃惊？）拥有天赋之人缺乏努力拼搏的体验，他们轻而易举就成了精英，根本用不着流血流汗。

同样的，优越的家庭环境可以为你提供坚实的基础，但父母能做的也就只有这些。最终掌舵的只能是你本人。虽然家庭条件优越的孩子得到的关注可能更多，但许多时候，这种关注却只能起到反作用。他们太过高估自己，周围人也太过高估他们。最终，他们只能做自己不喜欢的事，甚至被迫从事自己毫不擅长的事业。重压之下，厌倦之情会早早滋生。成长于富贵之家面临的挑战更多：对应得之物抱持何种态度，如何准确判断家族财政状况，以及如何将事业与为世界做贡献联系起来。沃伦·巴菲特为什么决定临死前或死后将自己99%的财富捐赠出来？他说过一句非常有名的话："我只想给孩子们留下足够的财产，让他们尽情实现自己的梦想；而非留下过多钱让他们坐吃山空。"无论家境贫富，每个家庭，每种成长环境都不是完美无缺的。

接受名校教育是非常宝贵的经历，这没错。但作为一个既上过四年大学，又经过各种社会磨砺的过来人，我要告诉你，想获得成功，你要学习的东西还有许多，而这些都是名牌大学无法教给你的。哈佛毕业生也不能一走出校园就进入董事会。学位能给你资质，但无法塑造你的性格，培养你的潜力，也教不会你奋斗到底的精神——这些都是取得成功的必备要素。大学教育只是一个开端。作为乔治亚理工大学的毕业生，我很自豪，但我知道最宝贵的教育来自校园外，从你得到学位那天起，一切都要重新开始。

如果你觉得自己学历不够，那就看看以下这些人，他们都是大学肄业，有的甚至只有高中学历。这份名单包括：比尔·盖茨、保罗·艾伦、史蒂夫·乔布斯、史蒂夫·沃兹尼亚克、雷克·拉克、沃尔特·迪士尼、安妮·莱博维兹、沃尔夫冈·帕克、艾伦德·杰尼勒斯、理查德·布兰森、凯丽·克拉克森、马克·扎克伯格、格林·贝克、辛迪·克劳福德、卡尔·伯恩斯坦、宝拉·迪恩、安德鲁·卡内基、温斯顿·丘吉尔、迈克尔·德尔、泰德·特尔纳、大卫·格芬、拉里·艾莉森，以上只是一小部分而已。这些人大部分是百万富翁，甚至有几个是亿万富翁。许多人都在用自己的财富做着改变世界的事。

优势带来的劣势

对出身优越的人来说，"完美"的成长环境就是劣势所在，长期深陷其中会使人性格软弱。

我想这就是亨利·梭罗写出"最大的优势就是没有优势"这句话的原因。如果万事都一帆风顺，那么稍微碰到点挫折，你就会不知所措。如果在成长过程中，你没学会如何靠自己的力量克服困难，那么遭遇第一次失败后，你也许再难走出低谷。失败是难以避免的，众生皆如此。所谓赢家，就是遭遇失败后知道如何继续前进的人。

威廉·德雷谢维奇（William Deresiewicz）已经在耶鲁大

学当了十年教授，他在《优秀的绵羊》一书中提出了相同的观点。名牌大学中的精英学生根本不具备独立思考的能力，也不知道如何创造有意义的人生：

> 精英教育培养出的学生都是发愤图强的高智商青年，但同时，他们内心焦虑、胆怯、迷茫，他们缺乏好奇心，只知道一味朝目标努力；精英阶层的孩子被困在特权的泡沫中，他们唯唯诺诺，按照长辈的安排亦步亦趋地生活，他们做事能力很强，但根本没想过自己为什么要这样做。

德雷谢维奇鲜明地表达了自己的观点，但我认为"发愤图强"这四个字有失妥当。这些出身精英家庭的孩子遵循长辈的建议，努力达成别人对自己的期望。诚然，这些期望非常高，想达成必须努力拼搏，但那绝不是发愤图强。一切都是被迫的，你甚至根本不确定这就是自己想要的生活。

而反过来看，不利因素却往往可以成为催人奋进的动力。你肯定听过这句老话："对打斗中的两条狗而言，重要的不是它们的个头大小，而是它们战斗力的高低。"这话说得很对。出身优越的人很多，但许多人一辈子也没学会如何利用自身的有利条件。

> 每天，那些没什么优势但雄心勃勃的人
> 都在下定决心，誓要在思想层面和工作业绩上
> 超过那些具备优势背景的"对手"。

回忆一下高中、大学甚至专业团队中最优秀的成员。他们通常并非极具天赋之人，但他们一定是意志最坚定，工作最努力的。

无论你的心中有多少激情，无论你有多少优势，如果不加以利用，一切都等于零。在"按才干担责任的比喻"①（《马太福音》，第 25 章）中，第三个人认为上帝所赐之物不要动也不要碰，因为他害怕冒犯上帝。像这个人那样我们就无法为世界做出贡献，无法过有意义的生活。

靠自己找出事实真相

在学校念书时，能参加的体育运动我都参加了——橄榄球、篮球、棒球、网球，甚至田径。我从来不是最杰出的运动员，但总能入选校队。为什么呢？由于父亲在美国空军服役，因此我经常在军事基地的学校或附近城镇上学。这几所学校规模很小，所以只要肯尝试，你可以参加任何心仪的运动队。所以上学那几年，我没少运动，也与许多教练交流过。

每次回顾过去，我都因教练的目光短浅而感到惊讶——教练的职责是训练、教导并鼓励年轻队员。但这些所谓的"教练"只注重为下次比赛做准备，除此之外什么都不想。在我的记忆中，教练们从不在赛季开始时发表激励演讲，鼓励队员为

———————————

① 主人出门前分别将五千、两千、一千家财交给三个仆人掌管。领了五千的仆人赚了五千，领了两千的仆人赚了两千，而领了一千的仆人则把银钱埋在了地里，一分都没有赚。主人回家后论功行赏，夺了一千给了那个有一万的仆人。——编者注

赢得冠军而努力。他们从没想过付出更多精力，打造一支全明星队伍。他们也没提过自己教导的学生获得过体育奖学金。也许，这些教练认为自己能力不够，他们被困在自己的小世界中。正因为如此，他们才无法为运动员筹划更光明的未来。

我认识一些队员，他们真的特别优秀，极具运动天赋。我不知道他们是否天生就是当职业运动员的料，但我确定如果再努力一点，他们绝对能拿到体育特长生奖学金。但不幸的是，没人告诉他们这种可能性。当然，勤加练习可以让球队水平稍有提高，这点共识大家还有。但从没有人肯坐下来对我们说："如果你们真想提高成绩，获得奖学金，可以这样做。"大家从未谈论过运动保健，也从未谈论过为完善某种技能而进行特殊训练，或在非比赛季开展营训。没人给我们设立更高层次的目标，让我们看得更远。但令人惊讶的是，当时竟没有一名队员提起建立全明星队或得到大学奖学金，所以我们根本没考虑过手边这些机遇，也没为实现它们付出任何努力。

在任何体育项目中，你都能找到不少这样的专业队员——他们来自小城镇，出身于当地小型运动队，那里的训练设施奇差无比。通常情况下，他们一定是在教练、家长或其他人的鼓励下开始了艰辛且辉煌的运动生涯。他们获得了体育特长生奖学金，入选全明星队，并勤奋训练。如果你读过一些橄榄球巨匠的传记，一定会知道他们中的许多人努力训练，只为跻身于校队的第三梯次。成功来之不易，在开始阶段，这些未来的橄榄球巨匠和他人相比并无任何特殊之处。但是他们有毅力、有决心、有信仰，认为自己一定能出人头地，这就是他们特殊的地方。通常情况下，伯乐是必不可少的，只有当别人看到了蕴藏于他们身上的潜力，他们才会受到鼓舞，为成功而奋斗。

瞧瞧库尔特·华纳（Kurt Warner）——直到大学毕业，他也没机会加入全国橄榄球联盟（NFL）。事实上，高中毕业时，一流学校甚至不愿为他提供奖学金。但即便如此，库尔特也没放弃成为职业橄榄球手的梦想。对他而言，未来的道路还很漫长。最终，库尔特进入了二流学校，他一边在室内橄榄球联盟打球，一边为杂货店扛大包，赚取每小时5.5美元的微薄薪水。在加入全国橄榄球联盟之前，库尔特还曾在欧洲棒球联盟效力。然而一旦梦想成真，库尔特便一发不可收拾。第二年，他就在圣路易斯公羊队担任四分卫，协助队友取得了超级碗的冠军，并在比赛中被评为最具价值球员（MVP）！

别人告诉你某件事不能做，并不意味着这件事真不能做。没人告诉你你有天赋并不意味着你没有天赋。这只能说明他们不了解而已。为什么英语中会有"先锋"这个词？因为我们需要一个词来指代那些敢为天下先的人，这类人世界上有的是。

我认识一位女士，她渴望成为出版社的编辑。显然，进入编辑行业非常困难，竞争十分激烈。尽管许多人告诫她，在非编辑部门就职永远没有跨越的机会——她只能在本部门获得升迁——这位女士在生产部门工作。但是，只要有机会，她就报名参加跨部门小组，在恰当时候为组员提供编辑方面的意见，并积极与编辑们建立良好关系，最终，这位女士真的如愿以偿了。她简直无法相信生产部门的同事会发来信件祝贺自己，并询问她如何成功实现跨越。

对于什么是可能，什么是不可能，大多数同事持何种观点？你是否为其所困？

我们很容易受他人蛊惑，这些人看似什么都懂，看似时时刻刻将我们的利益放在心中。我们通常不会想到，有更多的东西是他们无法告诉我们的，因为他们根本不知道。这些人只能从远处观察成功者；他们一直被表面现象所迷惑。从外界看，成功是优势、是幸运。如果所有家庭或小组成员都是目光短浅之辈，从未想过突破瓶颈，干一番大事，那他们也会拘泥于成功的表象。这些人对成功的看法是错误的——他们不知道真正的成功者依靠的是什么。从片面的证据中得出错误的结论，是谬论和怀疑产生的根源。

成功者不会一味地接受谬论，不会自我怀疑，相反，他们会发起挑战。他们不会懦弱，不会放弃尝试的机会，也不甘任人宰割。成功者会挖掘真相，检视对方说的是否正确，自己面前的阻碍是否强大到让尝试沦为浪费时间。通常情况下，他们会发现很多人都克服了类似困难，获得了成功。

检视自己的成功观念是谁向你灌输的。这些人是成功者吗？他们是否达成所愿？如果答案是否定的，他们的理念还可信吗？

克服疑虑意味着自己找到成功的途径，并始终坚信有一天梦想终会实现。

⏱ 你有什么目标？有多想实现这个目标？

对那些得过且过、天天无精打采混日子的人来说，面对干劲十足、精力充沛的人，他们会感到别扭非常。

他们会想，对方怎么像个神经病似的？别着急。被别人当做"疯子"也是件好事。原因如下：疯子都奋发图强。只要能达目的，他们做什么都可以。他们不会问，我是否足够优秀？我是否具备成功的素质？有内心的强大动力做后盾，自我怀疑就不再是障碍。

对赢家来说，最重要的问题是你是否真想成功？

成功能否让你激动万分？

光凭外表，你无法从人堆里把成功者挑出来，因为成功者的与众不同处在于他们的内心。他们执着于完成目标，一心向前。有时，你能从成功者的眼神中读出他们的野心。他们比任何人都更渴望功成名就。只要能实现目标，他们愿意做任何事。

以我的表兄弟艾德为例。小时候，每年夏天，我们俩都待在祖父母的农场。多年来，他一直是我灵感的源泉。

一开始，艾德就是位发明家。高中时期，他只对两件事感兴趣：电学和药学。我总看到他在焊东西，搞发明创造——这家伙甚至自己造了个简易计算机。但艾德的最大梦想是当医生。他一有时间就去当地的医院做志愿者，给大夫们帮忙，因此积累了许多医疗知识，护士们甚至称他罗伯茨医生。

高中毕业后，艾德进入大学学习药学。这时，他碰到一位同样对电学感兴趣的神经外科医生，他建议艾德将专业改为电气工程。然而一旦进入医学院，就没机会转为其他专业了。于是艾德听从了医生的意见，但也继续完成了医学预科课程。不过大三那年，艾德结婚并有了孩子（当时是1962年）。有家庭所累，他再也无法靠兼职支付学费了。

艾德不会因此而退却。他加入美国空军，打算利用飞行员教育与委任项目继续学位。三年后，艾德终于如愿以偿。1965年，部队保送他去俄克拉荷马州立大学继续攻读学位。到现在为止，艾德已经在大学中耽搁了许多年，其实他本该在两年内完成所有课程。但艾德不会浪费好不容易得来的大学时光。空军部队不可能支持他读完整个医学课程，最后自己肯定会被强令退学。既然无法实现医学梦，艾德就把全部精力投入到了自然科学上。他花四年修读了自己能接触到的所有科学课程。艾德故意留一门课程不读，这样就能延迟毕业时间。最终，部队发现了他的诡计，强行命令他完成学位。最终，艾德从电气工程系毕业，但在最后一学期，他将其他五个专业的课程全部修满了。

走出校园后，艾德被指派到阿尔伯克基的科特兰空军基地服役。在那里，他与平民承包商合作，一起负责空军基地的新科技研发。艾德负责情况调查，与承包商协商，并排查各类故障。当时，周围的承包商都在为新武器的研发提供微电子技术服务，这为艾德带来了些许灵感。

艾德一直喜欢做火箭模型。当然，这些简易模型肯定入不了他的法眼。于是，艾德开始利用新技术制作模型零件，比如可以进行航拍的微型照相机。几年里，他将副业进行得有声有色，并与伙伴成立了微仪系统家用电子公司（MITS），发明并售卖火箭模型。记住"微"这个字，听到后面你就知道它的重要性了。最终，艾德发现，利用发展中的微电子技术自制一台简易的台式计算机绝对是可行的。这是美国出产的首部台式计算机，正因为如此，它还成了《大众电子》杂志的封面故事。这个发明轰动了世界。

俄克拉荷马州立大学允许学生进出机房，所以，在读书期间，艾德花了很多时间研究学校的大型计算机。在艾德看来，这些计算机太不方便了。最后，他自己也建了台大型机，这台机器几乎占据了他家的整个车库。因此，当市场上出现体积较小，运算速度较快的处理器时，艾德及时抓住了时机。MITS推出了自己研制的计算机——世界上第一部台式计算机。

牵牛星8800（需要组装）应运而生，登上了《大众电子》的封面。后面的故事你可能很熟悉了。比尔·盖茨（当时还在哈佛上学）和保罗·艾伦看到了那期杂志，于是立刻联系MITS，说他俩已经用BASIC语言写好了一套应用程序。当时，他们是为数不多愿意与MITS合作的客户之一。（其实，他们当时还没有把程序写完。）

此外，还有其他人给公司打来电话。艾德告诉所有致电的客户："谁第一个把程序送上门来，他就和谁签合同。"经过三周的持续赶工，盖茨和艾伦写出了第一个操作系统。1975 年，MITS 与盖茨和艾伦的新公司微软签订了合同。之前我曾提过，"微"这个字很重要。装有 BASIC 语言写成的操作系统的牵牛星 8800 成为世界上第一台个人计算机，它可以被广泛应用，而且价格相对便宜，只要大约 400 美元（1975 年，这还是笔不小的数目）。

艾德的故事到这里还没结束。到 1976 年，个人计算机的销量呈爆炸式增长，公司的生产能力已经不足以满足订单的数量。MITS 已经扩大到 200 名雇员，艾德从研发人员变成了公司管理人员。他是个缺乏耐心的家伙，如今却要一天到晚与各色人打交道，解决各类管理问题，他简直无聊透了。于是，艾德决定卖掉公司。凭借高额股份，他分得了 200 万美元。作为个人计算机的发明者，他的功绩足以引起一场革命，但最终，艾德只拿走了 200 万，这真令人唏嘘。

按照合约，艾德必须为一家新公司设计产品——这才是他真正想做的。公司指派艾德为某个重要科研项目的负责人。研发团队只有几个助手，办公室设在一栋小楼里。三十天后，艾德告诉我，那天，他手里拿着便携式电脑的雏形走过停车场。公司高管看到他，对他说："谁会买这玩意？它根本没市场。"艾德回复说："那就请您等着看结果吧。"艾德知道，碰到这样的领导简直是浪费时间，他决定辞职另谋出路。

1977 年年末，艾德离开新墨西哥州，在佐治亚州一口气买了五座农场，这些农场离祖父母的农场不远。那里是他长大的地方，小时候每年夏天，艾德都在此度过；但这次，他想尝试经营农场，要做就做笔大的。

这仍旧不是故事的结局。1982 年，佐治亚州梅肯镇的莫瑟尔大学开设了医学院，这是所极有声望的学校。药学一直是艾德的最爱，得知消息后，他立刻注册入学，成为莫瑟尔大学医学院的第一批毕业生。45 岁时，艾德成功毕业，经历了 20 年的曲曲折折，他终于如愿以偿。艾德在附近城镇中开了间小药房，17 年来一直坚守本业。

这就是艾德所坚守的底线：

只有做自己真正热爱的事，我们才能发挥出巨大的潜能。

我承认，像艾德这样的人不多。但我们可以从他的经历中学到些什么。如果他在被迫退学时只知道坐在那里自怨自艾，如果他放弃追逐自己的梦想，那他为世界所做的一切就将不复存在。即便身处困境，艾德仍旧追寻着心中的每一份激情，并将所有的兴趣发挥到极致 —— 甚至比极致更多。

艾米莉亚·埃尔哈特（Amelia Earhart）说得好："我之所以想做这件事，就是因为我想做这件事。"当我们真正想做一件事，内心就会涌起一股巨大的动力和激情，如果是在别人的逼迫下做某事，你肯定没什么动力，也缺乏热情。保持激情是天底下最难的。每份工作或追求都需要日复一日地枯燥劳动。但如果前方的目标是我们心心念念要达到的，我们就能在乏味的劳动中找到激情和动力。

如果前方没有给你动力的目标，你永远无法知道可能的极限在哪。如何找到心仪的目标？从追随好奇心开始。

追随好奇心

上大学前，艾德给我一番建议："追随自己的好奇心。否则学习也好，从商也好，工作也好，你的能量肯定会被磨光，到时，生活就和枯井差不多了。"生活只能自己定义，不能让环境替你定义，你决不能被环境牵着鼻子走，在命运的徘徊中磨光了内心的激情。

好奇心就像火苗。你注意到它便点燃了它，在火光的照耀下，你才有机会探索，有机会发现，有机会遇到所谓的伯乐。为什么？

> 好奇心是驱动内心动力的直接源泉
> ——是生命中最强大的力量。

所有赢家都有强大的内在动力，而对梦想的热爱就是点燃动力的火种。从这动力中，他们获得了渴望与决心。你也有机会找到自己的梦想：追随自己的好奇心就可以。

每个人都有不同的兴趣爱好。没人能解释为什么我们会被A吸引却对B不感兴趣。为什么有的人酷爱寿司，有的人看见就恶心（比如我）？谁能解释其中原委？有的人喜欢学法律，有的钟爱药学，有的甚至就爱数数。这是什么原因？目前唯一能肯定的是，要想过上富足满意的生活，我们需要追随自己的本能。

从兴趣出发才是开启内心巨大潜力的钥匙。只要内心的激情不灭，我们就能干劲十足。这是心理学的常识。如果你酷爱寿司，但对希腊菜嗤之以鼻，你一定更喜欢去寿司店。对热爱会计业的人来说，让他们在其他行业取得成功简直比登天还难。

我这辈子绝不会去高空走钢丝，但从青少年时起，菲利普·帕蒂（Philippe Petit）就决心成为高空杂技演员。18 岁时，他去医院看牙，排队时偶然从一份法国报纸上看到即将起建的世贸中心双塔的素描画。菲利普抓起铅笔，在两个塔楼间画了条线，之后，经过六年的研究和改进，菲利普完成了一个又一个的高空奇迹。他经常造访即将竣工的双塔，数月的神秘勘探工作完成后，1974 年 8 月 7 日，菲利普终于开始了世贸征服之旅。一步一步，顶着强风，菲利普踏着细细的钢丝，从世贸双塔之间走过。这是他人未曾完成的，也是空前绝后的壮举。

做自己想做的事等同于自我推销。你在告诉自己你能拥有更多，你能做更多。你完全拥有成功的能力。推销是带感情的。你必须全情投入，否则便无法倾尽所有。你必须推自己一把。做自己想做之事，不然你无法获得前进的动力。你会走捷径，裹足不前，最终放弃。

在另一方面，当内心的激情被点燃，你自然就知道自己想做什么，如何行动。生命会因此更加精彩！你将打破习惯，迈出常规，将自身能力发挥到极致。为什么？因为你做了自己想做的，让内心的动力迸发而出——这是世界上最强大的力量。

抓住一瞬间的突发奇想

每个伟大的创意都来源于一瞬间的突发奇想："那不是很好吗？"只有继续追随创意，我们才能确定这是否就是自己想要的。

比如说我十分郁闷，因为我想自主创业，但又坚信自己根本不具备相应的实力。于是，我便放弃了梦想。我没做任何调查，也不和其他商人交流经验，更没聘请指导。本来就没实力，做这些又有何意义，对吧？

然而，如果我做了调查，猜猜会发现什么：我根本不想自主创业。如今，我明白了创业是怎么回事，知道那根本不适合我。但如果我已经先入为主，认为尝试根本没必要，我就会一直很郁闷，觉得自己的梦想不切实际。

如果刚开始，我相信自己有创业的实力并做了调查，一定能很快发现创业并非像我想得那样有趣。之后，我就能从创业梦中醒来，继续寻找其他感兴趣的事。在调查过程中，我也许喜欢上了开发新产品，爱上了企业管理，或者决定从事服务业，没准我还能发现某个新兴企业里有适合我的位置。无论什么情况，我都能找到自己的兴趣点。如今，我就有动力继续向前，开创更大的事业。

"我总想成为某人，但如今，我知道我要把目标定得更具体些。"这是莉莉·汤姆林（Lily Tomlin）说的笑话，但细想，它却颇具启发性：

赢家们知道，如果你不清楚自己想要什么，

就只能听从命运的摆布。

想弄清自己想要什么，最好的办法就是相信只要付出努力，一切皆有可能。从灵感出发，直到找到自己更感兴趣的事情为止。

我从高中开始弹吉他，弹吉他的时候我的确很享受。当时，我想做专业音乐人，我相信自己的决心，浑身充满干劲。于是，我频繁和音乐人接触，研究他们的生活，弄清他们如何获得成功。后来，我发现一个大问题：许多音乐人将80%的生活用在旅行上。从小，我就和父母到处旅行，在路上的日子我可过够了。因此，音乐人并不适合我。虽然吉他只能作为业余爱好，但我对它的热爱仍旧不减。

如果"明星梦的破碎"让我一蹶不振，我可能会完全放弃吉他，放弃这个可以给我带来许多欢乐的业余爱好。

赢家会认真对待每个创意。他们仔细研读，认真讨论，与伙伴交流经验，勤于提问。哪些是可能的？如何处理这些可能？赢家永远以事实为依据。通过各种研究与排查，他们便可心知肚明，这个机会是否适合自己，自己是否要坚持到底。

生命短暂，面面俱到不可能，好奇心是协助你筛选的利器。它就像一部内置盖革计数器①，可以帮你找到命运的答案。如果运用得当，你能更快过上自己想要的生活，一切会被安排

---

① 用于探测电离辐射的粒子探测器。——编者注

得井井有条。

诚然，找到心仪的事业的确需要花上一些时间，但即便是寻梦路上的磕磕碰碰也能让你受益匪浅。你会发现下一个让你热血沸腾的目标，下一个让你甘愿奉献出全部能量的梦想。

从眼下力所能及的做起

在《我的人生样样稀松照样赢》一书中，呆伯特的创始人史考特·亚当斯写道，刚开始，他对成为卡通画家一点兴趣都没有。当时，史考特只想创业，当老板赚大钱。他尝试了许多次，但都以失败告终。当脑海中出现当卡通画家这个念头时，史考特选择追随自己的内心，决定放手尝试。最终，史考特找到了自己的终身事业，唤醒了长眠于心中的激情。

有些人对某份工作充满热情，有些人对某个领域热爱至深，例如娱乐业、音乐、体育、医疗或政治。其他人，例如史考特·亚当斯，对工作的回报更为热衷——生活质量或收入的改变。他们想在商界自由发展，想实现物质利益最大化。还有人只想为周围人做出贡献或开创自己的事业。

我确信，每个人对自己的生活都有一份规划——想晋升到何种层次，需要多少收入，想发展什么业余爱好，最喜欢什么工作等等。这些都是你的起点。

不要为自己设限，认定目标只需奋勇向前。

⏱ 做规划，但切忌过度规划

做应尽的努力，告诉自己，你的梦想绝对可以实现，然后开始行动。

乔是我的一位朋友，他工作十分卖力，胸中充满豪情壮志。他给我讲了一段自己早期的工作经历。当时乔23岁，在一家社区贷款公司工作。他每天早出晚归，业绩顶尖，是公司的翘楚。一天，乔主动和经理说：“我要和你谈谈。”

“当然可以”，经理回答，他很愿意为公司最优秀的雇员匀出些时间。于是，他俩走进经理办公室坐了下来。

乔披头就问：“你现在工资多少？”

经理愣住了：“这和你有什么关系！”

“当然有关系。我这就告诉你原因。作为公司最出色的员工，我天天早出晚归，拼命工作。我的业绩也是同事中最拔尖的。到目前为止，我已经为你挣了很多钱。我之所以能坚持下来，就是想有朝一日坐上你的位置。但前提是，我必须知道我的目标有多大。”

乔清楚地表述了自己的观点。一阵长长的沉默后，经理说：“好吧！”他抓起一张纸，写下数字后推到乔面前。

乔拿起来看了一眼，然后把纸放回桌子上。他沉默了一会儿，然后站起来说了句“我辞职”就出门去了。

既然达不到心中的标准，乔就选择另谋出路。

当时，乔只有23岁，但他绝对够聪明，知道事先打探一下自己的目标究竟在何方。他可以努力工作，但他必须确认这一切都是值得的。当乔发现前方的路并非自己想要时，他会改变方向，立刻，马上。

先确定目标是否值得，再奋勇向前。做应尽的努力；持怀疑态度，问所有你能想到的问题；用事实检验假设，不要尽信他人所言；弄清自己需要付出多少努力，耗费多长时间才能达成所愿；摸清竞争对手的情况。乔就是各位的榜样。

确信你知道如下几点：

- 你的目标是什么
- 是否有足够的动力或干劲
- 自身是否具备成功的条件
- 你是否喜欢做这件事
- 需要做什么才能持续进步

说服自己

找到有价值的目标后，你必须做出规划，然后按部就班地到达目的地。你要勾勒出细节以及行动大纲，什么时候，哪些能力和知识可以派上用场，一切都要了然于胸。在计划实施的过程中，你要根据实际情况及时调整。但无论发生何种变化，大致步骤是固定的。否则，你会迷失自我，白白浪费时间与精力。老话说得好：计划没做好，失败跑不了。当然，事无巨细没必要，计划是大体上的，只要弄清先干什么，后干什么就可以了。

有了计划，你就不会偏离既定轨道。把大目标细分成一个个小目标，这样再碰上困难且耗时的问题，你就不会一筹莫展了。每次进步一点点，胜利就在前方。你可以时时监测事态的进展，有效克服内心的疑虑。只要事情慢慢地向好的方向发展，你就不会坐立不安，不会长时间陷入焦虑的泥潭。下一个目标在等待你，在激励你奋勇向前。

但最重要的是下面这条：

计划帮助你说服自己，梦想一定会成真。

你可以自信满满地说："我成功的概率很大，付出终有回报，一切都是值得的。"这种想法可以帮你克服心中的怀疑。内心有了答案（你真的很想达成所愿），办法自然来。你已经跃跃欲试，准备出发了。

追寻现实，而非不切实际的幻想

我们生活在现实世界。所有人都有希望和梦想，但现实世界才是梦想实现的土壤。做计划时，我们要将心中的豪情与现实平衡一下，思考梦想能带来何种收益，思考如今的我们是否具备追寻梦想的能力。

我鼓励你去追寻梦想。但面包仍是必不可少的。所以做计划时，你必须问自己，做这个能养活自己吗？

举个例子。有些工作竞争非常激烈，只有真正的精英才能脱颖而出。好莱坞的餐馆服务员个个自称演员，这没什么奇怪的。"穷困潦倒的艺术家"比比皆是。所有人都想从事"有趣"的工作——演员、音乐人、艺术家，但这些工作竞争相当激烈，只有少数佼佼者才能胜出。如果你铁了心想往艺术堆里扎，那务必做好心理准备——投入巨大的时间成本，朝着梦想奋勇前进。混出名声前，你可能要与其他六个人共租一间公寓。

如果你不具备追逐艺术的狂热激情——比如抱定没有艺术，生活就没有意义的信念——那就对自己诚实点，换个目标。IT大亨保罗·艾伦会弹电吉他，还是西雅图海鹰队和波特兰开拓者队的老板。有线电视公司CEO詹姆斯·多兰（James Dolan）拥有自己的蓝调乐队。你可以追寻内心的激情，但不要把它当作支持生活的主业。

除了内心动力的强弱，你的计划是否还有其他不完备之处，以至于让梦想看上去有些不切实际？再次问自己，我究竟多想实现这个目标？如果这的确是你想要的，那就必须为自己营造一个更完善的起始点。问自己如下问题：

- 自己是否可以全情投入？如果可以全情投入，自己是否拥有可用的资源？（通常情况下，成大事必须有所放弃。你是否愿意？）
- 时机是否恰当？是否有其他必须优先处理的问题？（如果家里孩子还小，那么回学校上学或者换工作从头做起就不太合适。毕竟财力保障是要优先顾及的。）

- 我是否积累了足够多的经验？我是否需要进修，先掌握某些技能？是否需要联系更多人，让他们多提供些意见？

如果某些事让你无法立刻动身或完成既定目标，那就从小事做起，给自己一个良好的开始。提前着手，做好心理准备，处理好必须顾及的方面，如果需要的话，提前攒钱，学习或自学。如果某个目标是你真正想要的，那就应该做好充分的准备，即便目前你还无法立刻开启"寻梦之旅"。

最后，问问自己，可能的结果是否足够好——或者说该结果是否对我有足够的吸引力，让我愿意为其花费这么多的时间？你是否心甘情愿？如果对你来说，结果没那么重要，那连开始也不要开始。记住杰里·宋飞（Jerry Seinfeld）的话："没有一条被无缘无故荒废的路。"

别在做计划阶段卡壳

所谓过犹不及，做计划也是如此。计划过度也是自我怀疑的一种，它会浇灭你内心的激情。

有时我们每个人都说："我想跳到篱笆的另一边。"于是，我们便开始研究篱笆，思考爬上篱笆需要具备何种技能。我们透过尖桩向外窥视，计划自己如何向上爬，如何落地。这是我们应该也必须提前做的。面对汹涌而来的巨变，我们必须想好对策。有时，想得越多，就越不想行动，如果结果真的不如所愿，那就麻烦了。但是，倘若我们铁了心要做某件事，就一定会奋勇向前，立刻向篱笆顶端爬去。

然而，有些人永远也爬不上篱笆。在他们看来，自己最好先报个课程，学习如何爬篱笆。之后，花一年时间研究各种跳跃技巧。接着，再用五年调查篱笆另一端的世界，弄清每个细节。他们甚至没碰过篱笆。因为这些人坚信，自己必须制定出一套完美计划。有了完美计划，所有疑虑会自动消除。

我不想让你大吃一惊，但事实就是如此，计划无法根除疑虑，百分百完美的计划是不存在的。（只有上帝能做到这点。）即便有计划，我们仍旧无法预知未来。就算制定出很棒的计划，出乎意料的事也可能发生。环境随时在变，障碍到处都是。我们会后退，会重新评估事态进展，继而对计划做出修正。（关于修正计划，我会在第三章中详细说明。）德怀特·艾森豪威尔说过："为战争做准备时，计划通常是无用的，但又是必不可少的。"通过做计划，你可以集中时间思考达成目标需要做些什么，并制定出大致的策略。但妄想让策略臻于完美却是在浪费时间与精力。

美国女子职业高尔夫协会（LPGA）的传奇人物安妮·卡索伦斯坦（Annika Sorenstam）说，击球前，她会经历两个阶段：思考阶段和执行阶段。"思考阶段要做什么？你要思考，"她在一段训练视频中说，"应该打到 7 号铁杆吗？还是打到 8 号铁杆？风向是否对我不利？我是否占据上坡球位？"思考结束后，就立刻进入下一阶段——执行阶段。在思考阶段制定计划，在执行阶段将球打出去。如果不能从思考阶段过渡到执行阶段，你永远不会进步。

在思考阶段耗费过多时间可能会将内心的激情消耗殆尽。对于大部分创意，将其付诸实践的激情是有保存期限的。我们不可能永远那么有干劲。如果迟迟无法进入行动阶段，激情与动力就会散去，终至消失，到时，疑虑将逐渐增长，直到把你完全吞噬为止。

　　失败者想得多，计划多；胜利者做得多，学得多。

关于这点，我将在下一章详细阐述，但现在，你只需弄清一点：尽快弄清计划中碰到的大问题，在干劲消失前结束计划。在某个时刻，你必须下定决心跳过藩篱，否则你将一直原地踏步。

计划要适度，说服自己目标一定能达成，然后立刻行动起来。

每个选择都需要经过调试

我和有"子弹鲍勃"之称的鲍勃·特利（Bob Turley）一起投身保险业。他是美国职业棒球联盟全明星队成员，还曾被评为最有价值球员（MVP）。作为公司创始人之一，我俩在亚特兰大白手起家，试着扩展业务，寻找新客户。

在大约三年半的日子里，我们每天早晨8∶30在办公室集合。如果鲍勃没有新创意，我肯定有。每个创意都实践几天，直到筋疲力尽为止。之后，新点子又来了。日复一日，年复一年，公司在磕磕碰碰中向前发展。在此过程中，我们的确学到了东西。

即便我们亚特兰大的业务增长称不上是指数级的，也不能送我们上天，但当我自己去北卡罗来纳州创业时，已经不再是零起点的新人了。之前的经历培养了我的商业直觉，让我预感到什么策略有效，什么无效。同时，我还学会了一系列拓展业务的方式。一年后，公司初入正轨，雇员数量达到了56人。根基打稳后，以往的经历统统派上了用场：第二年，公司雇员就猛涨至1800人。第三年有了7200人，第四年最终达到15,000人。经过前三年的不断试验和持续性改进，我建立的运营系统已经开始发挥效用。没有之前的上千次尝试、上千次决定，就没有今天的丰收。一路走来，我们一直在调整最初的计划 —— 详细内容将在第五章阐述。

每次准备好要开始行动，你都会面临抉择 —— 下一步究竟该如何做。在众多选择中，你只能挑选其一。即便内心充满干劲，面对眼前的缤纷乱象，你也会卡壳。我们害怕做错选择。但有时，我们必须把决定付诸实践。万一结局不是你想要的呢？倘若果真如此，你还要做出决定，想方设法让事情重回正轨。即便过程曲折，但也许你仍旧能获得进步，并有所收获。

成功者善于利用手中的资源制定最佳的行动纲领。

通常情况下，生活不会立刻显现出其本来面目。今天看上去无解的问题也许明天就有了完美解答。有时，凭借你所看到的就足以支撑你迈出新的一步。这恰恰就是你需要的——至少目前如此。先迈出一步，你会看到不同的风景，视野扩宽后，再进行下一步。如果前景模糊不清，导致你左右摇摆不定，那就跟着感觉走。直觉是怎么告诉你的？在《我的美国之旅》一书中，柯林·波维尔（Colin Powell）写道："当我所获得的信息容量达到40%~70%后，剩下的就跟着感觉走了。"（Ballantine，2003）。

有时，生活会强迫你接受那些枯燥无味的选择。也许目前，你的确无法追寻心中的目标。但此时此刻，犹豫、迟疑或盲目否认都无法帮到你，只能让事态越来越严重。你只能尽可能向目标靠拢，哪怕是走一步算一步。朝着正确的大方向努力拼搏，直到碰上更好的选择。

我的朋友比尔·维特尔住在巴吞鲁日，正打算与妻子莱斯利一起建造自己梦想中的房屋。盖房子需要面临多种选择。我问比尔，他是不是完美主义者，希望在建造梦想中的房屋时一步到位，所以心理压力过大。比尔回答我说："才没有呢。我又不会损失什么，没什么好焦虑的。无论如何，新房子总比我们现在住的要好很多。如果真对某些方面不满意，大不了我们再盖一栋就得了。"看到了吧，这就是连环赢家的思路。

通常情况下，找到正确的路并没那么困难和百转千回。如果选择是错误的，用不了多久你就会发觉。然后，再重新出发，跳上另一条轨道。每个决定都需要调整，即便是你百分百肯定的完美决策。然而，除非你做出选择并勇敢向前，你就不会知道应该如何调整。

时间紧迫

想成功就要选择，就要行动。原地踏步必输无疑。

如果觉得自己没有进步，那就问问自己还有哪些决定没做？这个决定重要吗？是否关系到事情的成败？我是否需要立刻做出决定，否则就无法离梦想更近？

有时，你必须有足够的信心，相信自己可以迈出下一步。充分利用现有资源，为自己梦想中的未来奋勇打拼。成功者每天都致力于实现目标，他们从小处着手，一点一滴，逐步前进。有时，做决策很容易，有时则很难。他们尽己所能，不留一丝遗憾——顺便强调一下，成功者也犯错。

不要学那些光说不做的家伙。你要成为行动主义者，努力把心中所想变为现实。冲破狭窄的小世界，做点大事，这是你要完成的第一步。没错，你必须保持热情，充满干劲——让胸中的火炉燃烧起来。但在真正踏上征程那一刻，你必须扪心自问，我现在到底要怎么做？！

趁现在，赶紧行动起来。为什么将自己排除在外？为什么听信别人的话？自己动手，查明真相。相信自己有达成梦想的实力。下定决心，向成功迈进。你绝对够优秀。

从哪开始并不重要，重要的是在哪结束。越快做决定，越快开始，你就能越早成功。

普通人的
成事方法论

1 及早决定

2 300% 努力

3 调整适应

4 100% 完成

5 持续改进

第 2 章

300% 努力

2011 年，航天飞机终于退出历史舞台，在此之前，美国国家航空航天局（NASA）总共完成 130 多次发射任务。每次发射都要付出巨大代价。它承载着机组人员的生命、数十亿美元的投入，以及国家的希望和空间项目的未来。航天飞机的成功发射和安全返航可谓集万千使命于一身。

对每次任务来说，最关键的就是发射后的 8 分 30 秒。两枚固体火箭承载着 200 万磅固体推进燃料，可以产生 530 万磅推力。三个飞机主引擎装载着 50 万加仑[①]的液体推进燃料，可以再产生 120 万磅推力。最终，航空飞机的飞行速度必须达到每小时 18,000 英里[②]。这项庞大的工程需要规划数年，经过几个月的训练，几周的检查和重复检查，最后才能付诸实践。

当飞机进入发射阶段——有人报告"发射成功"后——宇航员和控制中心的人都在做什么？好吧，肯定不是悠闲地喝咖啡。所有人都紧盯控制屏，手指放在操控按钮边随时待命。

---

① 1 加仑（美制）≈ 3.78541 升。
② 1 英里≈ 1.61 公里。

他们要根据具体情况削减或加大供氧量。帮助航天飞机摆脱地球引力，安全进入正确的运行轨道是每个人必须完成的任务。

每一秒都关键至极。大约两分钟后，固体火箭推进器将完成使命，自行脱离航空飞机。而主引擎还要继续燃烧6分半钟。当航天飞机到达既定高度时，宇航员将手动操控机体进入安全位置，让空燃料箱与机体分离，落回地球。最终，飞机和宇航员会安全滑入运行轨道。

这时，所有人才能真正松口气。

他们是不是小题大做了？绝对没有。发射航天飞机随时都有失败的风险，而且之前的确出现过先例。NASA所有工作人员都在竭尽全力避免类似悲剧再次发生。如果我是在训练宇航员，我当然希望NASA可以百分百保障我的人身安全，让我安心飞离并返回地球。

想让航天飞机在正确的太空轨道中安全航行一或两周，除了需要宇航员以命相搏外，还要满足其他要求：足够的燃料和推动力，相应的速度，地面工作人员的实时监控，在发射后的前十分钟内根据情况及时做出调整等。

虽然不是火箭专家，但我们不难看出，对航空发射来说，最初的准备阶段十分重要。这完全符合赢家的做事准则：充分利用手中资源，加到最大马力，创造完美开局，尽可能克服所有困难。事情一旦顺利开始，后面就水到渠成了，所有难题都会迎刃而解。在发射阶段，航天飞机需要用掉200万磅固体燃料和50万加仑液体燃料才能进入航行轨道。猜猜从进入轨道到航行结束，飞机会用掉多少燃料？还不到30万加仑。在这些燃料产生的动能和地球引力的作用下，航天飞机可以在既定轨道上运行数天甚至数周之久。与发射航天器一样，想要成功，完美开局最重要，这就是赢家的做事方法。

　　　　赢家知道万事开头最重要，必须尽善尽美。
　　　　只达到"好"的标准还不够。

　　开始阶段相当重要，它可能造就一段成功，可能引发一次失败。迈出第一步前，我们也无法准确预知如何才能笑到最后，未来还有何种艰难险阻。因此，我们必须赢得头彩，让自己站在较高的起点上。唯一的方法就是倾尽所有，全力以赴。光有前劲，后劲不足也无法获得成功。就像古语所说："凡你手所当做的事，要尽力去做。"三心二意者注定一事无成。

　　为自己营造一个良好开局，这样你便后劲十足，有足够的自信面对前进道路上的种种曲折。

＊　＊　＊

⏱ 风风火火地开始

　　成功者专注于自己能掌控的，从而获得成功。

　　失败者只知道把时间浪费在自己无法掌控的地方，从而一败涂地。

在提高成功率方面，哪些是人为可控的？只有你采取的行动和付出的努力。如果只停留在浅尝辄止的层面，那么失败便是命中注定。前方永远都有未曾经历过的挫折与困难。你必须允许自己犯错，特别是首次尝试的时候。做过几次后，你就会对事态有更深入的了解，做出的判断和预想也更可靠。为什么在后来者眼中，成功者是神一般的存在？原因就在于此。他们不知道成功者之前付出的代价。许多人一辈子也无法参透成功的秘诀：

多付出才能多得到 —— 这能让你得到最好的结果。

如果一开始就竭尽所能，占据更高的起点，你就能快速通过基础阶段，获得别人没有的优势。相反，如果一开始松松垮垮，得过且过，你就永远掌握不了成功的法门，永远无法取得大幅进步。长此以往，你终将沦为平庸。再次问问自己，你是否渴望成功？如果答案是肯定的，那就纵身跃进洪流之中。在水中原地踏步无法获得前进的动力。你不能犹豫不决。永远没有百分百的成功。未来渺茫，不可预知。因此，你能做的只有竭尽全力，利用现有资源，想方设法获得成功。如果你全情投入，就不会低估自己。你会获得前进的动力，靠冲刺的力量克服内心的怀疑、失望和道路上的困难。最重要的是，你会以更快的速度接近成功，从而建立起自信，向自己证明你绝对具备成功者的潜力。

每个人都会低估那些不可预见的困难

问问那些盖过房子的人：无论在制定计划上耗费多少心血，花费多长时间，你都难免碰到意料之外的困难。大学毕业后，我在房地产开发公司做了四年工程监理，见证了100栋高楼拔地而起。凭借本人的从业经验，我可以负责任地告诉大家，无论如何极力避免，建造每栋楼所花费的时间及成本都要高过预算。这是为什么？某项工程开工后，超出预算的概率高达99%，有时甚至会超出很多。即使提前打出富余量也于事无补，在施工中，超出预算10%~25%的概率高达95%。为什么？因为生活就是如此复杂多变。没人能准确预知未来。

想让市政工程人员开口大笑，那就问问他们建造桥梁或高速公路时，有多少工程没有超出前期预算。牛津大学商学院的一位教授做过这方面研究，事实证明，在258个大型桥梁、铁路、公路和隧道建设工程中，90%都存在预算超标的问题。严重的甚至超标数百万。按理说，数千年前，人类就开始从事工程修建，早应该对预算问题胸有成竹了。

但事实并非如此。每个人都会低估未来可能遇见的困难。公司会，政府会，我们也会。某项新工程到底需要投入多少精力和资源，大家的预估值往往比实际情况低。因为未来无法预知——有时，我们只是不想承认这项新工程有多难。倘若果真如此，当初我们或许就不会主动请缨了。

为何赢家会多做

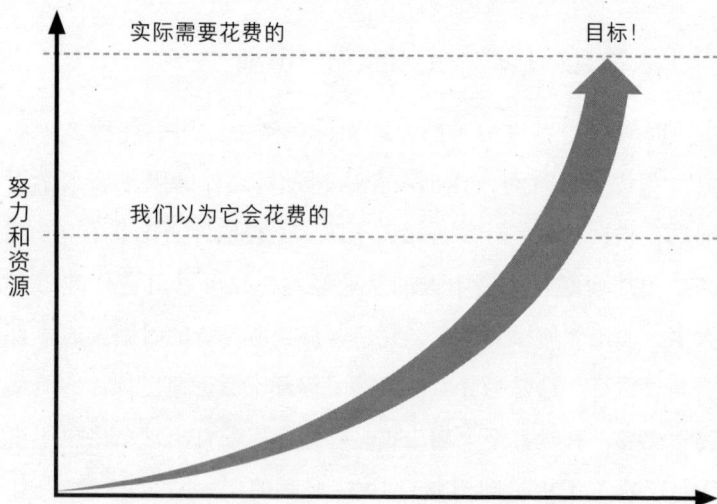

低估可能遇到的困难是失败的最大原因。最好的解决办法是多做、多付出。没错，计划是必须的，但我们要做好心理准备，预算超标很可能发生。由于不知最终超出多少，所以做好万全准备最安全。

多做、多准备，能够帮助我们在开始阶段克服困难。

开始阶段的困难是要提醒你，你需要投入更多精力才能顺利抵达成功的彼岸。如果刚踏步就松懈下来，缺少干劲，眼前的困难将让你一败涂地。每当情况比预想来得更糟，许多人就会产生错误的想法："显然，我不够优秀，根本无法完成预定任务。"千万别被谬论误导。实际上，开始阶段的困难向我们传递了一个非常简单的信息：再试一次 —— 这次更加努力！真诚，脚踏实地地付出，这才是名副其实的成功之道。

不要落入低估的陷阱，尽己所能朝着目标迈进。

避免购买后的自责

回忆一下自己最后一次买大件东西的情景。在商店或展厅时，你还激动万分；付了钱把东西搬回家后，过了几个小时，你就开始觉得某些细节不对劲 —— 至少不如你想象得那么好。怎么就不如在店里时那么好看了呢？按钮怎么离方向盘那么远？肩膀部分到底够不够紧？

购买后的自责很常见，面对新生事物，人们难免畏首畏尾。据我所知，所有换新工作的人在第一周都会疑虑重重 —— 怀疑新上级，害怕工作不像自己想象的那样，质疑公司文化，担心每天的通勤。面对陌生事物，我们会感到不舒服。抗拒未知是人类的天性 —— 未知是危险的。疑虑越重，内心越缺乏干劲。

关于克服恐惧和疑虑的方法，戴尔·卡耐基写道："让自己忙起来，努力工作，就能忘掉恐惧。"面对新工作时紧张无比，不仅因为周遭的环境较为陌生，还因为刚上岗的头几天通常都不会很忙。一旦闲下来，头脑就会被消极因素或潜在的消极因素占领。

置身新环境时想尽快摆脱焦虑不安的情绪？那就尽可能让

自己忙起来吧。把疑虑一扫而光，尽快找到内心的舒适区，恢复干劲与激情。

打造良好开局，唤回内心的自信

健身房会员卡的使用率实在堪忧。据统计，只有29%的人在购卡后的六个月频繁光顾健身房。但统计还显示，那些在办卡后头一个月光顾健身房超过八次的客人坚持健身的可能性更大。

面对此现象，你可能这样想："那好吧！很显然，头一个月频繁光临健身房的人更容易坚持下去。他们是健身爱好者，所以才总来。"也许吧。也许和其他人一样，坚持健身对他们来说也是一件非常艰难的事。然而，如果起步之时凭借内心的热情多做一点，多付出一点，你就能更快看到成果，得到回报。有了第一个月的成果，他们的热情会更高、更受鼓舞，也更容易坚持下去。你觉得我的话有道理吗？

来源于成就的自信才是真正的自信。

有个轰轰烈烈的开始非常重要。在激情的带动下，你浑身充满干劲，豪气十足。努力创造好开局，初尝成功的喜悦，让事实证明你所想、所希望的事情完全有可能发生。未来不是梦，你绝对具备实现梦想的能力。当你努力付出，并有所回报时，你就能找到继续前进的动力与勇气。

迈克尔·乔丹是众所周知的救场王。在比赛的最后几秒，如果球队还需要两分，队友一定把球传给乔丹。他什么时候变成救场王的？还在北卡罗来纳大学读书时，乔丹参加了美国大学生体育协会（NCAA）在教堂山组织的篮球锦标赛，从那时起，他就被冠名"救场将军"。在娱乐体育节目电视网（ESPN）发表的一篇文章中，乔丹写道："屡次救场成功是因为我相信自己能做到。这种自信来自哪里？来自我以往的成功经历。当然，凡事都有第一次……"

开局的成功可以为赢家们带来前所未有的自信。随着过程逐渐推进，你会碰到一些史无前例的挑战，这时，之前成功的经历就会成为内心坚强的后盾，它可以帮你顽强地站起来，直面困难。每成功一次，你就强大一点、自信一点、准备更充足一点。迈克尔·乔丹是百发百中吗？当然不！实际上，他的救场成功率只有50%（这已经很高了）。赢家们只关注成功，不被失败所困扰。

开始阶段的松懈意味着还没取得成就，你就要面对重重挑战。没做好迎接逆境的心理准备，就无法将计划坚持到底，你很可能轻易放弃，而不是及时调整战略，继续向前。

以成功为目标，给自己营造最好的机遇。不要让畏葸不前成为成功的拦路虎。在开始阶段多做、多付出，你将点燃内心的激情，给自己提供坚持到底的动力。

⏱ 关于"多做"的五个关键

不付出就无法创造出丰功伟绩。计划意味着良好的开端，但付出多少精力和努力才是成功与否的决定性因素。

觉得生活待他们不公的人，对他们必须做的每一件事都有怨言。他们做事总喜欢抄近道。但如果你只做自己不得不去做的事 —— 甚至连这些事都做不好 —— 你的人生之路会越走越窄。

连环赢家不怕担风险，为实现目标拼尽全力。

赢家们知道这样做对自己有好处。推自己一下，你会进步得更快，学会如何完成更多的任务，让自己更有价值。从中获得的思考和经验可以让你一生受用。

那么要如何"多做"呢？我把诸多领域的赢家身上的闪光点总结成五个关键，第一个关键就是"三"原则。

"三"原则

想成功就要自己找机会，切忌受他人打击就轻易放弃，也不要得过且过。只付出100%的努力是不够的。你需要做得更多，为自己创造三倍的机遇。"三"原则我已经亲自试验了数十万遍，仍旧屡试不爽。

"三"原则有两种表现方式。第一种：

为了完成某件事情，你付出的300%的努力，
其中有200%都是用来犯错的。

棒球比赛中，安打率在三成之上就是当之无愧的王牌选手！到目前为止，只有21位球员的安打率在三成之上——泰·科布（Ty Cobb）、泰德·威廉姆斯（Ted Williams）、乔杰·克逊（Joe Jackson）、卢·格里克（Lou Gehrig）以及巴贝·鲁斯（Babe Ruth）。

美洲的开拓者们刚在弗吉尼亚州定居时就开始培植玉米。他们先在地上打个洞，再放入3~6粒玉米种子，这样至少能保证两个种子成活。虽然风险很高，但如果无法培植出足够数量的玉米，冬天就难熬了。

星巴克或麦当劳在每个中等大小的城镇只开设一家店面吗？当然不会。佛罗里达州棕榈海滩花园购物中心就开有两家星巴克，它们呈对角线布局，分布在相对而立的两栋大楼里，一个在主廊这头，一个在那头。通常情况下，公司会在同一地域安排数家门店，使收益最大化。如今，某处门店亏损与否已经不再重要，利用门店的优势位置吸引客流才是最关键的，处于热门位置的店面可以弥补其他门店客流量的不足。

就在我修订本书的终稿时，俄亥俄州立大学创造了历史，他们赢得了大学橄榄球季后赛的全国冠军——夺冠队伍中的四分卫居然是替补上场！

"三"原则的第二种表现方式是"钟表式"。如果你面前有三种可能性或三个机遇——例如三位潜在客户、产品的三种

销路以及团队中的三名成员——它们就和钟表的三个指针一样，一个走得快，一个走得慢，一个好像动都不动，但只要动起来，事情就会出现实质性进展。每次成功都至少要对应三个机遇，其中只有一个能够实现。

做销售时，我们就是在赚取佣金。如果需要 5 组人马高效工作才能完成当月的销售目标，那我必须掌管 15 个组才能确保完成任务。这样一来，无论如何，至少每月有 5 个组可以圆满完成业绩。虽然每次人员构成不同，但结果完美就是好的。

当你加倍努力时，想想哪条才是通往成功的最佳道路，怎样做才能占据有利位置。牢记《圣经·传道书》中所说："三股合成的绳子，不容易折断"。"三"原则并非让你发起挑战，而是帮助你巩固自己的位置，扬长避短。

设置宏大目标

我当初白手起家，在北卡罗来纳州创立自己的金融服务公司（如今隶属于普美利加营销公司）时，我的创业经验几乎为零。之前，我与同事合作，一路开疆拓土，把公司从佐治亚州扩展到佛罗里达州。做到这步已经很了不起了。但现阶段，我还需要一个可以让我激动万分的目标。当务之急，就是建立一个强有力的销售团队。究竟需要招募多少员工，我不清楚，但我知道这一定是个大工程。因此，我给自己定下目标：面试 500 人。"就算真要面试 500 人才能组成公司的核心团队，我也照做不误。"我一直这样对自己说。这个目标和以往不同，我也许不必招聘这么多员工。但有了前进的动力，我就干劲十足，尽可能每周都找人过来面试。这才是通向成功的路。你一定听过这句话：瞄准恒星，你至少能击中月球。我就是这样干的。

实际上，招聘名额是135人，整个招聘期长达3个月。因为朝着最高目标努力，我才能以最快的速度完成任务。

只做到好的程度还不够，你必须做到更好。成功者善于运用良性压力。而良性压力来自更大的挑战。有了克服困难的勇气，也就有了动力和干劲。这就像坐过山车——恐惧是当然的，但不也很刺激吗！查尔斯·舒尔茨写道："生活就像有十挡变速的自行车。大部分挡位我们碰都没碰过。"成功者要把所有挡位都试一遍，看看自己究竟能跑多快。

不幸的是，我们总喜欢树立小目标，这害人匪浅。小目标无法唤醒内心的激情，也无法激励我们奋勇向前。一旦缺少干劲，我们就会轻易被困难打倒，出师不利。不敢设立宏大目标的人，潜意识里肯定这样想："又来了。他并不是真想这样，很快就会被别的东西吸引，所以还是算了吧，他并非真想做一番大事。"

而另一方面，如果你愿意立大志，愿意以一件可以实现但又有些困难的事为目标，你的潜意识就会这样想："喔！我们要赶快忙起来，想想怎样才能完成这项艰巨的任务。这次他可是认真的！"

不立大志相当于不立志。

成功者常立大志，每天、每周、每月，从不间断——只要言之有理均可。这些志向既有意义，又有实现的可能。每个短期目标实现后，他们的信心都会有所提升，之后，再凭借获得的自信去迎接明天、下周以及下个月的挑战。循环往复，周而复始，成功者们会更快获得进步。

许多人失败或半途而废，只因为他们没设立小目标，没体味过达成目标后的喜悦，从而缺少坚持到底的动力。成功路上前途漫漫，充斥着各种各样细小琐碎的挫折，没有激情的灌溉，意志早晚被消磨殆尽。你会丧失希望、丢掉自信，再也没力气支撑下去。对我来说，面试500人就是个短期目标，当我将眼前的短期目标一个个完成后，成功自会向我招手。马拉松运动员每周都会给自己定下一个有待突破的里程数及时间，借此慢慢提高成绩。

就在今天，找回立大志的勇气！它将创造激情与期待。心负远大志向，你会更专注，思路更清晰，更有干劲。这才是加倍努力的前提。

学会承受失败

我儿子亚当是专业健美运动员。在健美界，进步就意味着"承受失败"。什么意思？为了强健肌肉、增加力量，你必须不断举起某个重量级的器械，直到你再也举不动为止。当然，这只是肌肉锻炼的一部分，但研究证明，学会承受失败可以促进生长激素分泌，有利于肌肉细胞增长。

加倍努力也是如此。想进步，你必须尽己所能，把自己逼到绝境。不把能力发挥到极致，能力便无法提高。这就像抻橡

皮筋，必须有外力拉扯，橡皮筋才能抻开。没有弹力的橡皮筋
毫无利用价值可言。你如此，我们大家都如此。不经受考验，
永远无法进步。在开始阶段尤要加倍努力，因为这时，你需要
学习的东西最多，需要快速成长起来。之后仍不能松懈，这是
成为连环赢家的必经之路。有能力、有实力就要物尽其用，否
则你将一无所有。

> 今天，把自己逼到绝境；
>
> 明天，再大的挑战都能轻而化之。

之前，普美力加营销公司经常邀请金融领域的高管来公司
总部为大家分享经验，指点迷津。在90天里，公司每周安排
两天高管见面会，让行业精英们为员工面对面指导，提供专
业性意见。（当然，受邀嘉宾很给力，每次见面会大家都受益
良多。）

我的一位朋友兼同事安迪·杨也在受邀之列，得知此事，
他还不太高兴。这家伙无时无刻不在工作——无论办公室还
是在路上，每周六天，从不间断。如今，只需3~4天，安迪就
能把每周的工作搞定，三个月来一直如此。他到底是如何做到
的？实际在开始阶段，安迪也经过了噩梦般的挣扎。

我见到安迪时，他刚刚完成工作，果然，一切都不一样
了。这家伙一周居然多了两天空闲时间！当初，安迪没有其他
选择，六天的工作必须四天内完成。这完全可以做到。安迪想
弄清自己到底浪费了多少时间，因此他开始分秒必争。经过一

番努力，工作效率果然上去了，生活也安排得有条不紊，哪些事优先做，哪些往后放放，安迪自有打算。最后，安迪发现，自己用两天就能完成工作计划。如今，安迪可以抽出时间拓展业务，尝试新项目，与行业精英互相切磋，除此之外，还能陪家人过周末。

倘若不被逼到绝境，安迪永远不会获得所谓的"空闲时间"。他必须竭尽全力，重新规划人生。一旦处于失败的边缘，安迪就只能背水一战，继续学习，提高自身能力。但在很短的时间内，他就找到解决方案，由此改变了人生。他学会了操控工作，而不是被工作操控。

成功者想知道自己究竟能干什么，自己的能力极限在哪。正如清风房车（Airstream）的创始人，瓦力·布瓦姆所说："这是不可能的，所以要多花些时间搞定。"在成功者眼中，压力等同于挚友：在压力的作用下，煤炭才能变成钻石。想为自己营造完美开局，就要投身于看似不可能之境地。最终，你会实现超越。

很显然，在所有领域试水是不现实的。甚至连健美专家都持此观点：无限透支等同于自我伤害。每次透支都需要时间恢复——再次启动训练时，运动员会有巨大突破，高水平运动员都遵照这个模式训练。连环赢家只做一件事——进步、修整、再进步。修整过后，巨大的提升就在眼前。

不幸的是——也许对你来说是幸运的——大多数人不会把自己逼到绝境，甚至不需要什么修整时间。他们只在乎所谓的"平衡"。但对赢家来说，平衡并非他们总要优先考虑的。

如何利用机会更为关键。倘若收获季雨水光临，农民也许会几天不吃不喝，优先抢收庄稼。这就打破了所谓的家庭平衡。但那又如何？农民知道，只要丰收降临，他们就可举家同欢。与抢收庄稼比，平衡根本不算什么。把该干的活干了比较重要。

这是所谓的底线：在开始阶段学会承受失败，可以锻炼自身的能力和承受力，这将为你日后的长期发展奠定坚实基础。

麦吉弗原则

比尔·奥兰德是金融服务界的翘楚，他曾向我讲述过自己事业的起步期："每天早上起床，去冰箱拿橘子汁，给自己倒上一杯，然后提醒自己今天也没有骑士来救我。"

生命给予你的极其有限，无法给你三倍、四倍或五倍于你本身的能量、天赋和资源，帮你完成所有梦想。在开始阶段，你只能利用手中的一切，之后怎么办就见招拆招了。什么意思？想做大事者，必须全力以赴，尽可能让自己前进得更远。只有当现有资源用尽时，新资源才会涌现。这就是所谓的成长。

在"麦吉弗原则"的指导下，胜利者们顺利登上了梦想之巅。他们充满创造力、聪明智慧、辛苦勤奋，尽情发挥自身所能。他们深知生命的真谛：

你有什么并不重要，

重要的是如何将自身所有派上用场。

　　在每一阶段，成功者都会充分利用自己的所有或所知，争取更大进步。无论橡皮筋、牙线或硼砂，成功者都能将它们做成绳索，尽快荡到下个目的地，而相比之下，失败者只会自怨自艾，慨叹时运不济。在成功者眼中，每个小细节都至关紧要，都是取得成功的奠基石。

　　这就是做事者与裹足不前者的最大区别。裹足不前者，事情还没开始，就先在意自己没有什么、缺少什么、需要什么。而做事者只在乎眼前所有，只知道尽己所能，奋勇向前。

　　每个人都有优势，有些人优势更明显——经验、技术、天赋、知识甚至金钱。成功者善于将优势最大化，同时将弱势最小化。优势越利用就越能凸显出来，很快大家就只注意到你的优势，而不再在意你的缺点。

　　　　成功的真相是凭借现有资源，从当下做起。

　　其实你没有选择的余地——因为现实无从否认。但好消息是从此地出发，凭借自己手中拥有的，你就能达到梦想的彼岸。

做别人不愿做的事

　　我的一位朋友想学习画画。他找到一位绘画大师，希望对方可以为自己指点一二。大师回答说："可以。但首先，先画一百幅画出来。否则，我们就是浪费时间。"

　　人人都想站在荣誉顶端，却没人愿意吃苦。成功者则不然。为什么？

愿做苦差事才能成大事。

每个人都可能成功，苦差事是不可避免的。阿梅莉亚·埃尔哈特（Amelia Earhart）说过："别人能做的永远不要做；别人做不到或不想做的你才去做。"苦差事吓不走成功者，他们害怕的是无聊，是永远坐井观天。

面对苦差事，成功者自有应对法门，他们明白一个道理：先做必须做的事，才有资格做自己想做的事。就算是你热爱的商场、事业、工作或目标，想取得成绩，你也要做一些看似非常枯燥的差事。平庸之辈不屑于干。做"别人不愿做之事"，你才能占得先机，尤其是在开始阶段。对任何伟大梦想来说，苦差事往往在早期涌现，这是好消息，也是坏消息。

成功有两条法则：
1. 付出巨大代价。2. 提前付出代价。

付出相应的代价，你才能将竞争对手甩到身后。在追随梦想的途中有所收获才是最有价值的。与那些情愿走平坦之路的人相比，你将得到更多经验，学会更多技能，意志更加坚定。平时不显山露水，然而在压力之下，你会无往不胜。

很显然，成功者不会一直被苦差事所困。一旦掌握了必要的知识，他们就想方设法把苦差事让渡给别人，或者开启创新，把困难降到最低。久而久之，这成了种游戏：成功者的工作效率能有多高？他们的干活速度有多快？安迪·杨采取的正是这种策略。成功者赢在技巧，赢在努力奋进上；平庸者只会偷懒，不愿花时间学习，花精力自我提升。

成功者也知道每项新挑战、每个宏大的目标都是由一系列苦差事组成的。即便是大赢家们，每天也要在无聊差事中花些功夫。因为所有事都需从头做起，想成功就必须加倍努力，这是众所周知的真理。

⏱ 量变与质变

做大事就要付出巨大代价，你不能以开始阶段为基准，去衡量整个过程。打破惯性十分重要。

第二章刚开始时，我给大家讲述了航天飞机的发射过程。你觉得控制中心的工作人员会一直坐在控制屏前，询问"等一下……每加仑燃料能把飞机推进几英里"吗？当然不可能。在发射过程中，最关键的就是前200英里。至于之后，想维持每小时17,500英里的速度需要多少燃料根本不重要！

你必须克服惰性。开始阶段的付出是巨大的，是难以置信的。一旦踏入正轨，一切都会改变。加倍努力会让你充满干劲，助你迅猛向前，不畏艰险。如今，只靠惯性是无法成功的（已经取得一些成就的赢家们也会掉入陷阱）。万事开头难，成功尤其如此。

逼迫自己，从现在开始每天去健身房锻炼，这简直太难了。你必须选择一家健身房，报名，付一大笔钱，问问自己这一切是否值得，买双新运动鞋，然后第一次健身，接着挨过艰难的一周，克服内心的尴尬与彷徨，制定健身计划……将健身融入生活，你要付出许多！怪不得好多人都放弃了。还记得早些时候我提到的数据统计吗？六个月后，仍然坚持到健身房锻炼的会员只占29%。

启动新项目实在太艰难。做计划、招揽团队、确定团队成员间的沟通方式、获取必要资源、实践创意、失败后重整旗鼓、帮助每个成员在学习曲线上拔得头筹。怪不得项目管理也能成为一个具有准入资格的职业。商场上流行一个词：项目葬坟场。每年，各公司都有数以千万计的项目夭折于初始阶段。首要原因究竟为何？答案就是努力不够或资源不足。在最该加倍付出的初始阶段，人们却得过且过，浅尝辄止，一旦看不到显著成效，就很容易半途而废。

正所谓万事开头难，大多数人（或团队）还没真正踏出第一步就放弃了。他们这样告诉自己："好吧，如果这样才能赢，那我可做不到。费了半天劲，回报却如此微小，我永远也不能真正进步。还是趁早放弃吧。"这些人就像乌龟。刚把脖子伸出壳外就被眼前的一切吓坏了，于是立刻缩回壳中，那里才是"已知"的安全地带。

不幸的是，这种思维方式完全错误。刚努力一点就想追求效果，这不符合客观规律。

·成功者深谙其理：

大数定律仅在样本数量足够大的时候才成立。

花费一周、一个月，有时甚至一年都无法积累到数量足够大的样本。这就像在街上随便问五个人他们最喜欢什么口味的冰激凌，然后就总结出全美国最受欢迎的冰激凌口味一样。（得出的结论是香草味；但巧克力奶昔味才是美国最流行的。）或者观看棒球比赛时，某位击球手被三振出局，你马上得出结论，这位选手的平均击球率为零。想得出正确结论，你必须关注他的每场比赛，不能一叶障目。

计算平均数的前提是样本数量足够大。在拉斯维加斯，赌场计算赔率要根据成千上万名顾客的支付数据。保险公司精算师对车险或寿险进行成本预估也要以数百万客户的投保数据为依据。质量提高外加数量积累才能有效改善评估和预期。

起步阶段缺少足够的数据，所以切忌盲目行事，不要看到一点信息就做出重大决定。先积累，再寻进步也不迟。

早期的压力可以助你成功

开始阶段的压力就意味着你需要付出辛苦。万事开头难。压力山大在所难免。你无法确定如何做才能成功，也不知道凭借自身能力是否可以搞定一切困难。然而，没有压力就没有动力，你就无法时刻保持警觉。在压力的作用下，你根本无法懒惰，无法自我膨胀。所有的学习与成长都是在压力下完成的。想天天轻轻松松，无所事事，那只有躺进棺材里才行。

还记得自己第一次驾车上路、第一天上班或第一次约会吗？这些是否让你压力山大？当然不会。为什么？因为类似事情你已然经历得太多，相关技巧你也掌握了。就这么简单。随着时间流逝，你会渐入佳境，内心压力也相应降低——准备好再踏征程了吗？现在就出发，让压力来得更猛烈些吧！

这就是为什么成功者要在开始阶段加倍努力。他们知道既然无法保证成功，那就通过努力做事尽可能提高成功率。先积累样本数量，大数定律才会成立。如果努力方向正确、到位，最终，你一定能看到些许成果，工作效率也会显著提升。即便有困难挡在面前，你也能顺利通关。

现在，深呼吸，对自己说出下面的话：我不会一直这么辛苦，这么彷徨；不会永远被尴尬与压力包围。

坚持到底。你将越来越好。最终，你会和火箭一样，一飞冲天，找到自己的运行轨道。

我对成功的理解是这样的：偷懒、鬼混是成功的大敌。你必须全力以赴。想成功，就不能得过且过。尽可能快地度过开始阶段。激发内心的干劲。趁着激情还在，尽可能向前冲，能走多远走多远。一旦速度变慢，就努力赶回进度。

当困难出现，凭借现存的干劲与激情，你也能快速渡过难关，及时调整状态。

普通人的
成事方法论

1 及早决定

2 300% 努力

3 调整适应

4 100% 完成

5 持续改进

第 3 章

调整适应

高中二年级时，我们住在意大利的达尔比军营，那里是美军基地之一，毗邻里窝那，位于地中海海滨。当时意大利还有另外两个美军基地建有附属中学，一个在维琴察，一个在那不勒斯。当地还有足球比赛季：每队 8 个人，每季打 4 场比赛。

我们高中大约有 100 名学生，维琴察有 200 名，而那不勒斯大约有 800 名学生。很显然，足球联赛并没根据学校规模做好队与队之间的平衡。只要参加比赛，我们必须和那不勒斯单挑。

一个周五晚上，我和同学们在基地咖啡馆聚会。转天就是与那不勒斯队的足球赛，正巧，他们也到咖啡馆来了。整个基地，除了这里，确实没什么休闲的地方。当然，大家心知肚明，明天就等着挨宰了，这场比赛毫无悬念可言。当时，咖啡馆内的氛围相当紧张。

我正在桌边坐着，突然，一个那不勒斯队的家伙从我面前经过，随手塞给我张卡片。上面写着：

> 你的经历非常触动我。
>
> 我还没遇到过像你这么麻烦的家伙。

多年来，我一直记得卡片上的话。实际上，我也写了很多内容差不多的卡片，足足堆了一大摞。如今，每次看到卡片，我都忍不住大笑，但与此同时，我也悟出一个真理：生活不会对我们施以同情，就像竞争对手不会同情我们一样。在命运面前，我们没有任何优待。我们迟早会发现自己身陷困境，环境处处在与我们作对。当然，抱怨命运的不公是最容易的。

自怨自艾什么问题都解决不了。我们都面临挑战。任务越艰巨，碰到困难的可能性越大。你不妨直面困境，勇敢向前，万事竭尽所能就好。你也可以选择放弃，但看着梦想折戟沉沙，你将痛苦万分。

比赛当天，我们果然输得很惨，这完全在意料之内。但别急，故事还没完。

除足球外，我们还打篮球，在基地或小镇上，这成了为数不多的消遣之一。我们经常和美国大兵在基地体育馆打球，胜多败少，状态极佳。但我们教练是个死脑筋，只看中战略战术，根本不让大家自由发挥，打出自己的水平。同学们一致决定，校际篮球赛时把教练甩到一边，大家齐心协力，发挥最好水平，打败那不勒斯。结果证明，那场比赛是有史以来我们打得最酣畅的一次，也是最难忘的一次。那不勒斯简直被我们揍得抬不起头来。狠狠修理对手的感觉太痛快了。

世界上没有常胜将军。但大家不要忘了：

只要不放弃，不半途而废，机会永远都有。

面对挑战、陷阱、悲剧和灾难，连环赢家会东山再起，重新适应新环境，继续奋勇向前。他们绝不半途而废，因为他们知道，不轻言放弃之人总有成功之日。

* * *

⏱ 无论如何都要成功

内心失落时，我们喜欢仰望那些登顶的成功人士，他们的成功之路看上去好像一马平川，从未遭遇过巨大的挑战。

他们没遭遇到巨大的困难，没品尝过希望与梦想几近破灭的滋味。他们不知道何为痛苦。他们不必身负重担，从未被上司扫地出门，没有信誉不良记录，没破产，没失业，没依靠食品救济券过日子，也没无家可归过。成功者家庭和睦，身体健康，内心从不焦虑疑惑，从未被人抢风头，从未一败涂地。他们很少有普通人的烦恼，永远那么无忧无虑，享受胜利之神的眷顾。

这多么可笑啊！

没有人永远生活在保护伞之下。我们喜欢把成功简单化，

进步是如何产生的

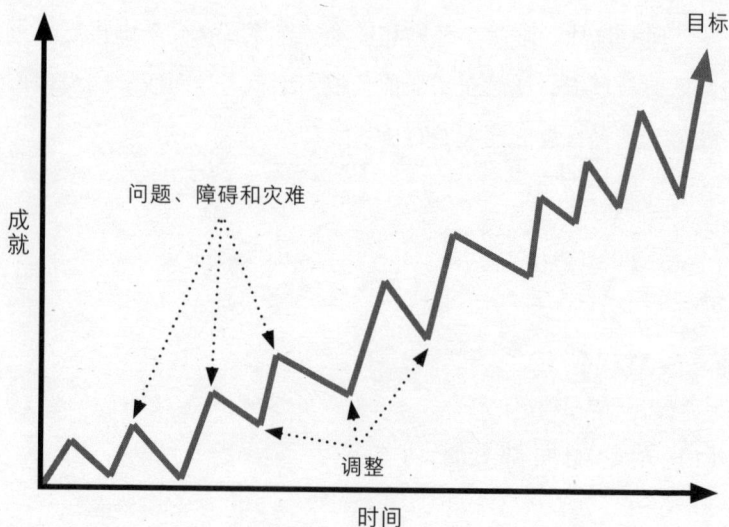

希望前进之路一帆风顺。当然，这是不可能的。无论你是谁，来自哪里，只要你还是地球人，想成功就要经历各种磨难。仔细观察那些成功者、体坛冠军和各行各业的英雄们，他们无不一身伤痕，身体心灵双重受损。

特里·麦基（Terry McGhee）是纽约警署的侦探，"9·11"事件后，他开始承担反恐任务，成为主要的调查人员之一，负责抓捕苏莱曼·阿布·盖斯。

然而，不幸发生了。2008年，特里去葡萄牙里斯本收集情报，在一次冲浪中，他摔伤了脊椎。面对此情此景，特里会如何抉择？放弃？退休？不，当然不。他竭尽所能，重回调查

第一线。受伤数月后，特里再也无法站起来，只能终生与轮椅
为伴，甚至连手指都无法动弹。即便身体情况如此糟糕，特里
仍旧没放弃对罪犯的调查。他利用多年来积累的专业知识进行
分析，回看录像视频，研究目击者证词，并与身处海外的同僚
通力合作。2013 年，阿布·盖斯终于被捕。倘若没有特里·麦
基的参与，也许这个坏蛋仍然逍遥法外。

每个人都曾伤痕累累，但生命仍将继续。成功者亦然。

　　成功者知道，征途路上困难重重，处处都是陷阱，失败的
阴云如影随形 —— 这是每个人都要承受的命运。古语说："快
跑的未必能赢，力战的未必得胜，智慧的未必得粮食，明哲的
未必得货财，灵巧的未必得喜悦。所临到众人 的，是在乎当
时的机会。"同样，在困难与不公面前，众生依旧平等。

　　连环赢家是如何做的？不畏艰险，勇敢向前就对了。无论
是犯了愚蠢错误，丧失了大好机遇，还是面临天大灾难，连环
赢家都能克敌制胜。他们不在乎自己做错了什么，只要最终获
胜就万事大吉。曾经做错什么并不重要，因为他们永远不会用
失败来定义自己。

成功意味着排除万难

　　在我最喜欢的电影《伤心岭》(*Heartbreaking Ridge*)中，
克林·特伊斯特伍德说出了我最欣赏的一句台词："你参与，你

适应，你克服。"这句话是对美国海军说的，但同时，它也适用于每个曾经直面困难的胜者。连环赢家必须善于克服种种困难。通常情况下，我们想象不出连环赢家究竟用何种方式完成了参与、适应与克服这一整套行动。在光环和荣耀的辉映下，征途之上的种种磨砺已然模糊不清，黯然褪去。

约翰·列侬（不是披头士乐队的那位）曾是我的同事。三十多年前和我一起工作时，他还处于困境之中。约翰曾是非常成功的企业家，当时，他决定和一个伙伴共同投资商业地产项目。但最后，投资不幸失败，伙伴还跑路了，给约翰留下了高达40万美元的债务。

直到二十多年后，我才知道这件事。初识约翰，他是个聪明、有干劲、事业心极强的小伙子，一心一意只想尽快成功。面对债务，他不仅没自怨自艾，甚至连提都没提一句！相反，约翰只是埋头工作，想方设法解决问题。

如今，约翰已经成为一家公司的领军人物，这家公司规模巨大，横跨15个州。他曾在北卡罗来纳农工州立大学设立企业家与电子商务中心，被学校授予教授职位。不仅如此，约翰还是全国闻名的慈善家。倘若债务缠身、遇人不淑让约翰一蹶不振，他绝对无法获得今日的成就。

如果你被困难击倒，面前的选择就只有两个：放弃或重返征途，继续向前。困难能将你摧垮，也能激发你的斗志。这场战役结果如何，全凭你说了算。如果放弃，你将一败涂地。如果反击，你会赢得突破，继续向前。唯有如此，你才能扼住命运的喉咙。放弃只能让你尊严扫地，让你丧失自由与独立。你会变成命运的受害者。所以，别那么做。

蜜罐里长大的孩子普遍缺乏耐挫力。当初和同学一起打球时，我们把这种孩子称为"绣花枕头"。缺少竞争意识是人生发展的大忌。面对想要的东西却不积极争取，他们不愿为之一搏，同时也就失去了提高自身的机会。只有愿意为梦想付诸努力，你才能成大事。"想要这个？那就证明自己的决心。为之努力，为之拼搏。"这，是命运的呼唤。

克服困难与改善自身是相辅相成的——你无法只做一个而忽视另一个。演员马克·鲁法洛（Mark Ruffalo）赢得第一个角色前，曾试镜800次——足足800次！虽然开局不利，但如今，他已经出演了数十部电影，甚至被提名奥斯卡。每试镜一次，马克的演技就提高一些，不是吗？对成功者来说，每次失败都是宝贵经验，他们可以从中汲取营养，自我提高，增加未来的成功率。随着自身能力不断提高，成功率也将逐渐加大，最终，他们会得到胜利女神的眷顾，进而一飞冲天。温斯顿·丘吉尔说过："只有逆风而行，风筝才能高翔天际；顺风是行不通的。"直面挑战，迎难而上是成大事的前提。

不迎难而上，勇而克之，就无法获得胜利女神的青睐。

半途而废是最愚蠢的（通常情况下）

八岁那年，在俄克拉荷马州的伊尼德，我和母亲在第一浸信会教堂做完礼拜后开车回家。当时，父亲驻守在万斯空军基地，所以车里只有我和母亲两人，直到今天，那次谈话仍回荡在我的耳边，仿佛一切就发生在昨日。

人们常说"我妈妈／祖母／爸爸总说……"，引用完长辈的话，还不忘加上几句勇往直前、努力拼搏之类的心灵鸡汤。我父母从不说这些。他们只在意生活中最基本的东西，例如吃饭、睡觉、上学、做作业、去教堂、制定生活计划、做个好人之类的。至于鞭辟入里的成功学，他们很少提起。但这次除外。

不知什么原因，我们谈到了放弃这个话题。母亲坚定地对我说："永远不要放弃！"接着，她用了个类比：心中的梦想就像木滑车。一旦中途放弃，滑车就会翻。每翻一次，滑车的边缘就会变钝一点，下次使用就更困难。过不了多久，滑车的边缘就会变软，再也挂不了东西了。"所以，永远不要放弃！"母亲告诉我。"想放弃，就别开始。"

我不知道为什么自己对这段话记忆犹新，但事实就是如此。母亲的话已经融进我的血液。和大家一样，在成长过程中，我也遭遇到许多艰难挑战。但我从未放弃。我坚信，正是母亲的那番话帮我度过了重重难关。

多重努力带来优势

你从纽约开车去洛杉矶，现在离目的地只有30英里了。突然，车辆纷纷减速，你看到前面立着牌子，上面写到"前方泥石流，道路封闭"。此时此刻，你要如何做？调转车头，打道回府吗？

你拼尽毕生之力，好不容易才买到一辆法拉利。你小心翼翼、战战兢兢地开了一周。突然某天早晨，引擎无法发动了。

你要怎么办？把车退掉吗？

既然已经花了那么多时间与心血，为什么要轻言放弃？为什么不深层次挖掘一下问题原因，找出解决方案，然后继续上路呢？

我见过许多类似的先例，某人为了毕生梦想耗尽血汗，付出的辛苦与泪水不计其数，但却由于这样或那样的原因，轻易半途而废。眼睁睁看着自己的心血付诸东流，最后什么都没得到，这简直是惊天大灾难。拿破仑·希尔在书中写道："不放弃，不气馁，付出终有回报。"

轻易放弃之人永无出头之日

——他们不会坚持到底，不会孤注一掷。

想放弃与真正放弃不同。每个人都有想放弃的时候，这很正常。我也不例外。举个例子，在保险公司工作两年后，我意外获得一个去当工程监理的机会。回顾过去两年，每一天都艰难无比。我们吃了上顿没下顿，沉重的生活压力已经使我处于崩溃边缘。如果去当工程监理，我至少有份稳定工资，生活也不至于如此窘迫。

我很矛盾，不知如何是好。因此，我找到了当时的公司总裁，阿尔特·威廉姆斯。我尽量装出一副很精明的样子。"阿尔特，我组里有个同事（我不妨将其称作某位朋友，再打上引号），他已经在这工作两年了。最近，他想休假，也许先休息一段时间再重整旗鼓也是不错的选择。"我没用"辞职"这个字眼。

　　阿尔特立刻看穿了我的心思。"拉里，你这么做可是犯了个大错。这两年，你为事业付出了多少心血，这可是最最宝贵的经验。如今，眼看就到丰收时节了，你却要打退堂鼓。你怎么忍心让自己努力得来的一切付诸东流呢？"

　　他的话的确在理，我不该轻易辞职。这么多年的努力打拼，我可不想让自己的心血白白浪费。因此，我决定留下来，专心开拓保险事业。在我的精心策划、踏实行动下，业绩果然步步高升。两年后，我的收入翻了一番；四年后，又飞升到10倍。

　　放弃很快就会演变为一种坏习惯，这绝非危言耸听。它将毁掉你的一生。但最愚蠢的是明明成功近在咫尺，你却选择放弃。倘若再咬咬牙，忍痛迈过最后一道，或两三道坎，成功便可手到擒来。和阿尔特谈话时，我还有许多困难要克服，许多疑虑待解答。然而，在母亲的建议和阿尔特的鼓励下，我终于迎来了柳暗花明的一天。

　　乍看上去，放弃是个相当不错的选择，但这只是外表而已。短暂、虚假的轻松过后，痛苦再次降临，其程度相较于放弃之前毫无减轻。你放弃了内心的梦想，放弃了解决问题的最好方式，忙活了一大通，到头来却是一场空。于是，你只能硬着头皮选择最不坏的选项，这才是痛苦的深渊。

　　放弃两个字无时无刻不困扰着成功者。计划越宏大、越复杂、越有挑战性，压力就越沉重。想以最快的速度成功，压力之大可想而知。许多人告诉我，他们每天都会有两三次冒出放弃的念头。倘若并非如此，也许你的目标还没高到一定程度，还没那么激动人心。当然，放弃只是想想，成功者才不会付诸

行动。让"放弃"两个字冒出一两秒钟，然后继续工作，调整
战略，竭尽全力。

撒谎：通往放弃的漫长道路

在通往成功的路上，每个人都会面临某种诱惑，那就是撒
谎。通常情况下，当我们碰到无法逾越的困难，找不到出路在
何方时，欺骗的欲望便会疯狂滋生。欺骗等同于放弃，你放弃
了为成功而付出的巨大心血，让自己名声扫地。选择欺骗的那
一刻，你便输了，即使结果不会马上显现，但种下的恶果早晚
需要偿还。

欺骗是失败者的游戏，你早晚会自取其辱。

等等！成功者都是骗子，不是吗？人们不都这样说吗？这
些人满嘴跑火车，善耍阴谋诡计，除了骗还是骗。他们走捷
径，占他人之功，做地下交易。只要能成功，他们才不在乎将
多少人踩在脚下。他们没有良知，视道德与准则为无物，为达
目的不择手段。在今天这个狗咬狗的世界，好像只有效仿他们
才能登上人生巅峰。老话说得好：人善被人欺。

骗子喜欢用这句话为自己开脱。但公平一点，媒体天天
都在报道类似事件，谎言确实能换来成就。兰斯·阿姆斯特
朗（Lance Armstrong）、安然公司的高管们、过去三十年伊利
诺伊州的各任州长、棒球英雄们、玛莎·斯图尔特（Martha
Stewart）、伯纳德·麦道夫（Bernie Madoff）——靠谎言上位
的名人数不胜数。说谎者们之所以名声大噪，就是因为90%

的骗子都被媒体曝光了，所以好人才显得默默无闻。

与其关注骗子的成功之道，学习如何像他们一样糊弄别人，还不如想明白所有骗术终有暴露的一天。他们绝对没好下场，躲得过初一，躲不过十五。在开始阶段，骗子们总会自我安慰："谁知道我做了什么？绝对没人发现。"但最终，骗局都将暴露。正如老话所说：不是不报，时候未到。走捷径，靠欺骗上位，用不了多久，你就会露馅。骗局一旦揭穿，后果相当凄惨，不仅所有成果毁于一旦，你的名誉也会蒙上污点。

伯纳德·麦道夫的两个儿子受父亲的庞氏骗局牵连，后果相当凄惨。他们都在父亲的保安公司工作，因此必须接受FBI的罪案调查——得知公司已被"掏空"后，他们出卖了伯纳德。在重重重压下，一个儿子癌症复发，另一个则在父亲被捕两年后上吊自杀。

困难当前，不要总想着走捷径。成功与否的关键就在于身处逆境时，你如何抉择。无论好坏，每个抉择都将改变生命的轨迹。扪心自问，你想如何书写自己的命运？在儿孙、朋友和邻居眼中，你想成为怎样的人？你是图一时痛快，还是着眼于未来？

表面成功，内里却隐藏着不可告人的肮脏秘密，谁想过这种日子？在外人眼中，你是光鲜亮丽的赢家，但在内心深处，你却时时刻刻被负罪感和焦虑感困扰。欺骗做起来简单，但背后你要付出巨大的情感和精神代价。稍微有点品性的人都明白，这相当不合算。先做个不昧良心的好人，你才能心境平和，才能解决问题，抓住机遇，继续向前。

当今社会，人们被各种负能量事件包围，而刚正不阿、童叟无欺的正能量话题却鲜有提及，比如坚决不收受贿赂的政府官员、购买优质建筑材料而非以次充好的良心建筑公司等。有时，某些人会说点正能量话题，但人们大多时候很少谈论这些，反倒是负能量信息一个接一个地不断涌来。

负能量的故事往往充满诱惑力，你一个不小心就会身陷其中。只要撒谎一次，你就会不停撒谎，一个接一个。例如2013 年 3 月，35 名亚特兰大公立学校的教师被控敲诈和贪污。据调查，来自 44 所学校的 180 名教师被牵扯其中。他们的起诉罪名是什么？擅自篡改标准测验答案，私自提高分数 —— 有了如此"业绩"，老师们可以获得更多奖金，或者至少也能保全自己的职位！作弊一旦开始，就再也停不下来，只要不作弊，分数就要下降。整个事件持续了十多年之久。最终，数十名涉案人员丢掉工作，有的甚至被判重罪。

为躲避困难或降低成本，人们不惜制造骗局。这些人完全不明白成功的真正意义：

> 这个世界上所有有价值的东西都不是轻易得来的。
>
> 得到它的唯一途径就是去工作。

获得成功不需要欺骗。所有把成功和欺骗扯到一起的都是谎言。事实上，在你说出谎言的那一刻，成功就已离你远去。真正的赢家不会为了一时的成功走捷径，也不会逃避困难。佯装不知无法找到治疗癌症的方法，靠说谎欺骗也无法解开基因的奥秘。想有所得，唯一的选择就是竭尽所能，直面挑战。

只有目光短浅的傻瓜才会用自己的事业、名望和声誉做赌注，换取一时的成功。先付出，后得到，这是颠扑不破的真理。

战略调整与半途而废的区别

有时，唯一行得通的战略就是换个努力目标。倘若你已竭尽全力，但仍旧无法前进一步，也许你就该换个目标了。就像W. C.菲尔德所说："倘若第一次行不通，你要继续尝试、尝试、再尝试。实在不行再放弃。千万别在一棵树上吊死。"

什么叫表面放弃，实际不放弃？当你决定改变方向，当你意识到眼前这条路无法让你实现梦想，当你发现某种方法确实行不通时，你要换条路走。这就叫表面放弃，实际不放弃。

> 连环赢家绝不放弃。
> 他们会在恰当时机调整目标，
> 选择一个更好更适合自己的方向。

半途而废等同于放弃，它是失败者吟唱的挽歌。"为什么要尝试？那么难我肯定做不来。我就是不够优秀。"改变前进方向是自信的表现，这代表你知道自己想要什么。如若不然，你的能量和激情将逐渐耗尽，再也没有力量击败迎面而来的挑战。

找到合适的职业发展之路就像狗狗找睡觉的地方。仅仅躺下来是不够的，狗狗必须四处寻觅，直到找到一个能让自己舒舒服服睡大觉的地方为止。哪最合适，只有它自己知道。

刚出现国际金融理财师（CFP）这个职业准入资格证时，我就想："一定要考下来。倘若竞争对手人手一本，而我却没有，那我可就没活儿干了。"因此，我和另外一位同事一起报名了为期25周的培训课程。完成头五期必修课后，需要订购下一阶段的教材时，我做出了大胆的决定："你知道吗？我不学了。"具体原因如下：如果你想把复杂的金融产品卖给富翁，注册金融理财师课程很适合你。但富翁阶级所占的市场份额非常小，而且这也不是我的职业目标。既然如此，为何还要浪费20多周来学习呢？我退学并非因为课程太难（在第一阶段考试中，我的成绩名列前茅），也不是因为上课太耗费时间。而是对我来说，这些课程毫无意义。但如果没有亲身参与其中，我也得不出这些结论。

每天都有人辞职。每天都有人克服坏习惯。每天都有人结束一段不愉快的关系。每天都有人告别城市。因为有些时候，放弃是开启新征程的最佳选择。这不是放弃，是调整前进方向，是迈上人生的另一台阶。

相信直觉——只有你知道什么是正确的选择，什么是自己真正想要的。如果你目标明确，如果你确信这真是自己想要的，那就孤注一掷，奋勇拼搏。同时，别忘睁大眼睛，时刻保持警醒。梦想也要脚踏实地。你果真具备唱歌天赋吗？你的确对语言有兴趣吗？此时此刻，你可以为了奥运会参加训练吗？大家都铆足了劲，打算证明别人观点错误，但倘若错的是自己，那也要勇敢承认，然后继续努力。切忌自欺欺人。就像达科塔所说，发现自己选错路，就立刻停止前进。但最难的是你能及时看出自己踏入了死胡同。

假如碰到无法解决的问题——碰壁、碰壁、再碰壁——那就问问自己，是不是没找对时机？对起步者而言，时机相当重要。既然该做的都做了，接下来，就让事态自由发展，之后再进行下一步。你需要适宜的环境、可利用的资源、良好的经济形势，或通过人生的某些改变来重新获取能量、争取时间。随时随地关注时机，然后根据实际情况即时调整方向，但前进的大方向一定要把握好。

停滞不前才是下下策。更换方向要及时，不能犹豫不决。别把时间浪费在犹疑上，也别想东想西。对计划做出重大调整后，许多人都和我抱怨："早知如此，我几年前就该这样做了。真不知道自己当时在等什么。"记住，时间不等人，无论如何，向前走才是硬道理。

如果某样东西是你梦寐以求的，那千万别放弃，别退缩，别半途而废！否则，你将后悔终生。如果实在缺乏后劲怎么办？先捋清事实，再找回动力。

⏱ 以事实为引导，以情绪为动力

当事实偏离梦想，我们的确会沮丧，但赢家不会一直被消极情绪所困。

关于迈克尔·菲尔普斯（Michael Phelps）的故事，你也许早听腻了，作为最伟大的游泳运动员，他的生平事迹已被收录进维基百科，各位可以自行了解，我就不赘述了。然而，2012年伦敦奥运会上的一幕还是值得我们仔细探究。

作为出征奥运会的一员，菲尔普斯既是万众瞩目的英雄，又是所有人想打败的对手。每个人都以战胜他为目标——甚至包括莱恩·罗切特（Ryan Lochte）。作为菲尔普斯的队友，他的实力不容小觑，甚至在之前的项目中，他已经成为菲尔普斯夺冠之路上最强劲的对手。第一场决战是男子400米混合泳。赛场外，数百万观众正翘首以待。观众席上人山人海。大家都等着为菲尔普斯的胜利欢呼。

但结果却出人意料。菲尔普斯仅名列第四。冠军成了罗切特。

很显然，对菲尔普斯来说，这犹如晴天霹雳。倘若当时，他被失败打倒，被沮丧吞没，整个奥运会将成为噩梦之旅。当然，事实证明，菲尔普斯并没让自己消沉下去。相反，在此之后，他又赢得了四枚金牌和两枚银牌，再次刷新了奖牌纪录。菲尔普斯是如何做到的？他是如何快速调整自己，再次找回自信的？方法有两种：

- 接受事实，并以事实为引导。
- 控制情绪，并以情绪为动力。

通过他在采访中的言谈以及网络上的表现，我们可以得出上述结论。

首先，菲尔普斯接纳了对自己的责备。"这是场糟糕的比赛。"他在采访中说。"他们比我游得好，比我懂战略，而且准备得更充分。"菲尔普斯不为自己找任何借口，输掉比赛错在自己。总结经验后，他知道自己接下来该如何做：注重战略，充分准备，提高水平。

而另一方面，菲尔普斯也坦率地表达了失败的沮丧。"有个糟糕的开头的确不是什么好事。"他习惯了胜利，在国际舞台上一败涂地让菲尔普斯难以接受。否认失败的痛苦，隐藏受创的心灵，这不是勇敢，而是愚蠢。否认只会让事态越来越严重，让自己被负面情绪吞没。

一旦真诚面对自己的内心，菲尔普斯就不再被失落包围。他绝对不会一蹶不振。（为什么要这样？输了就是输了，谁也改变不了事实。）不仅如此，菲尔普斯也没有因愤怒而做出不理智的行为。"现在最重要的是向前看。"他说。即便自尊受损，也不能影响对未来的判断。他没发表什么伟大言论，只是在推特上向罗切特表示祝贺。"恭喜恭喜@莱恩·罗切特……感谢你为美国保住了那枚金牌！"罗切特也恭恭敬敬地回应他："谢谢@迈克尔·菲尔普斯。没有你，就没有今天的我。"

我不知道公众如何评价菲尔普斯接下来的表现，但事实证明，他显然走出了阴霾，完成了一次又一次胜利。

当然，即便是功成名就者——那些专心致志，为成功甘愿倾注所有的人——也会陷入无所适从的境地。一旦失去奋斗目标，人生就会迷茫。和许多运动员一样，功成名就后，菲尔普斯选择退役，但当时的他并没为今后的生活做好规划，在迷惘之中，他丧失了干劲和拼搏精神。（在第五章中，我将详细讲述如何规划成功之后的生活。）结果自然一团糟。在公众眼中，菲尔普斯成了行为不端的家伙，声望大大受损。但如今，他已经重新振作，回归现实，及时做出调整，并找回了拼搏的动力。

别让情绪掩盖了现实

生活就是如此，总给你带来无尽的烦忧、搅扰，甚至偶尔还有灾难。不要当情绪的奴隶 —— 即便眼前或有灾难降临。

灾难不可预料。突然之间，犹如晴天霹雳，灾难就这样降临了。面对灾祸，我们惶恐不已，无法保持理智。我们无限夸大问题的严重性，直到它成为不可跨越的障碍。从此，大家眼中只有即将来临的灾祸，别的什么都看不到了。倘若大脑只从外界接收危险或消极的信号，我们就会丧失对现实的把握。带着"有色眼镜"看世界，放弃就成了明智的选择。

一旦脱离现实，你就做不出什么明智决定了。

你的内心是否已经动摇？倘若果真如此，你就很可能遭遇失败：头脑发热，仓促行事。放任自流的结果就是被情绪冲昏头脑。

《圣经·以弗所书》中说："生气却不要犯罪。"生气没有错。事实上，如果你从不生气，那说明你做的事根本无关紧要。当结果不尽如人意时，你才义愤填膺。但关键在于你是否把愤怒当作鞭策自己的动力。倘若你一怒之下想炒某人鱿鱼，斥责上司或给同事写一封言语恶毒的电子邮件，那你就要自我控制一下了。成功者不失大体，不会脑袋一热做出让自己后悔的事，比如辞职。相反，他们会仔细思考自己愤怒的原因，并以其为动力，鞭策自己前进。提高情绪耐受力能让你心境更平和，更快走出人生低谷。

还有一点要注意：情绪过于高涨也容易做出不理智的判断。所谓物极必反，千万别开心过头，否则你依然没好果子吃。

失败、挫折、霉运和灾难——它们是为你服务的，而不是要把你拉回原点。有了它们，你会进步更快。绝望孕育着希望。在困难面前，你可以积聚力量、整顿自身、让生活更有条理，先把能搞定的搞定了，再精神饱满地开始下一步。

一切都是暂时的

正所谓祸不单行，稍有不慎，坏运气就会接二连三地降临。光担心会发生何种不幸一点意义也没有，实际上从很早开始，先民们就被教导不要杞人忧天。公元一世纪时，塞内卡人有句名言："警告我们的比给我们带来灾难的事情更多，与现实相比，内心的焦虑感对我们伤害更大。"总之一句话，你所担心的99%都不会发生。

成功者深知，一切都会过去——这是他们随时保持头脑冷静的前提所在。当不幸从天而降，横亘在你面前，记得提醒自己，这一切只是暂时的。这只是梦想之路上的障碍，而非穷途末路。"你决不能把一时的失败当成彻底的溃败。"F. 史考特·菲茨杰拉德在《夜色温柔》中写道。眼前的困难无法代表未来。也许，遇到困难并非坏事，祸兮福所倚，想探明真相，你只有继续征途。

不要纠结于过去的错误，也别为未来可能的错误担忧。还是节省点精力，先想想怎样解决眼前的难题吧。

借助他人的力量

连环赢家的另一个秘诀是什么？通常情况下，成功者都有贵人相助——处于逆境时，提醒他们不要轻易放弃；帮他们看清现实，不被情绪冲昏头脑。倘若有人真正在乎你的前途，把你的利益放在心上，对你来说，就是莫大的帮助。每当你心中迷惘，无法看清现实，他们会第一时间伸出援手，帮你理清思路，加油助威。

首先，当然是自己的另一半，我们总能从他/她们身上找到奋斗下去的勇气。特别是每次你想半途而废，他/她们都要想方设法令你改变心意。同事理查德曾告诉我，糟糕难捱的一天、一周、一个季度过去后，他都要向妻子抱怨，而妻子只是静静地听着，然后冲他甜甜一笑："好吧，你都可以随时辞职。"这么说就对了，在气头上劝他想办法解决难题，理查德只会更烦躁。

另一位朋友也是如此。经历创业初期的辉煌后，他的事业发展遭遇了瓶颈。仅仅一周之内，五名员工有四位辞职，之前敲定好的客户也莫名退单。他郁闷难当，气愤不已，于是向妻子抱怨："一切都糟糕透了！"

"还有比这更糟的。"妻子回答。"如果你辞职，那最后一个雇员也辞职了。"

"没错，辞职！我不干了。"他大喊道。接着，这家伙疯狂发泄了一通，直到累得爬不起来为止。妻子见状对他说："好吧，想辞职就辞职。现在先好好睡一觉。因为明天早晨，你又得整装待发，该干什么干什么去了。公司是我们最好的机会，错过了打着灯笼都难找。"

连环赢家从不缺乏干劲，他们态度积极，期望值高，但绝不脱离实际。

成功者善于将失望转化为动力。他们知道机会是最宝贵的，决不能错过——但我们只能影响结果，却无法控制结果。抱怨什么问题都解决不了。面对残酷的事实，成功者宁愿直面挑战，努力克服困难。

只解决自己的问题

有时，日子之所以越来越难过，只是因为我们总惦记那些本不该我们处理的难题。没错，成功者都要克服困难，迎难而上。但对于自己无法控制的，他们从不杞人忧天。成功者只在意自己能力范围内的事，如此一来，生活立刻简单了不少。

你是否正在使某个问题复杂化？想找个简单点的方式让自己尽快解脱出来吗？那就试试90：10：5这个方法。

大多情况下，事态顺利发展的概率为90%，
完全砸锅的可能性为10%，就在这10%中，
有大约5%是需要你自己解决的。

就是这10%耗尽了我们的所有能量和精力。但其中只有一半问题是你造成的，或在你的控制范围内，另一半完全是他人的责任，或者大家谁都无力解决。既然如此，为何要那么紧张？明白这点，你就能省去许多不必要的沮丧，也不会把事情越弄越糟。对困难反应过度的确不是好事，本来小小的难题也会被你搞成难以跨越的难题。

弄清哪些是自己的问题，哪些在你的控制范围内。
尽己所能去弥补，然后继续前进！

听说过奥特莱斯吗？零售商在这里贩卖质量不太好的商品（以及不在正价店出售的商品）。为什么有这种商店出现？因为工厂无法避免瑕疵品的存在。与其浪费时间精力，尽量避免出现任何错误，还不如将所有产品兜售出去，力求利润最大化。成功之路亦是如此，没人能做到百分百完美。尽自己最大努力克服困难，继续向前，这就可以了。

困难就像绳结。如果不是你的问题，就放着别动，让他人来解。如果是你的问题，那就要坚定信念，只要足够耐心，没有解不开的结。但做判断时要小心翼翼——不是所有难题都值得你浪费精力。以现实为基准，才能减少不必要的焦虑，让

自己理智地思考问题：这是不是别人的问题？如果是你的问题，那有没有解决的必要？解决问题别怕麻烦，但倘若你耗尽心力却仍旧无法前进一步，也许你就该换个努力方向了。别让任何问题搅扰你的生活。

坚定信念

生活如此宏大、复杂，不是你凭一己之力可以搞定的。连环赢家们最终都会意识到这点。每个人都需要帮助，需要从他人那里汲取力量。在艰难困苦中，你需要有人扶你一把。以我为例，我的生活和世界观是建立在对耶稣基督的信仰之上。没有信仰，就没有今天的我。每个人都有属于自己的精神支柱。无论你的支柱是什么，记得花时间与精力去养育它，浇灌它，因为总有一个时刻——或许很多时候——你会需要它。

如果你的信仰和我不同，对你来说，下面这个故事可能没什么意义。

马克·里奇特（Mark Richt）是位橄榄球教练，一直执教于佐治亚州立大学牛头犬队。我曾读过一篇关于他的采访，马克在访谈中描述了自己如何从佛罗里达州立大学的助理教练一步步奋斗成首席教练的。刚得到佐治亚州立大学的聘用，他就立刻搬家，以便随时召集队员，并与其他工作人员见面。妻子则留在佛罗里达善后：卖房子、照顾孩子、等待他们完成该学年的课程。在之后的几个月里，马克独自一人住在旅馆。他经常"趴在假日酒店的房间地板上，祈祷上帝赐予自己力量，好完成工作任务。"

我并不赞成马克·里奇特作为橄榄球教练做出的每个决定，但坚定信念这点我完全同意。实际上，在事业发展的各个阶段，我也有相似的痛苦经历。曾几何时，我觉得自己完全无法胜任眼前的工作，尤其是销售。我是学建筑出身的，我曾向朋友抱怨自己宁愿用俄语学习天体物理学，也不愿干销售。一次接一次的销售失败更让我倍受打击。无数个夜晚，我都在嘲笑自己，觉得自己是世界上最愚蠢的家伙。我曾许愿说："让我成为合格的销售，这将是我们这一代人中最大的奇迹。"但事实是，我的确做到了。原来只要我愿意，上天就会指引我，给我力量，帮我获取必要的知识储备。

我的故事原可以忽略不提，这简单得很，但在我看来，故意忽视信念的作用和力量是愚蠢的。

当困难袭来，赢家不允许自己退却。他们不否定现实，而是积极面对。在赢家眼中，绝望成了激励自己继续前进的动力。面对问题，他们时刻保持头脑清醒，坚定信念。所以，做个深呼吸，往脸上泼点冷水，看看如何应对新情况才是正道。

⏱ 成功就是一系列的调整

我们适应世界，而非世界适应我们。

但我们要如何做呢？如何才能摆脱不堪的境遇？如何才能做出明智决定，以提高成功率？

从行动开始，多多积累资源，将过程简单化，从小处着手，慢慢做出调整。

行动 = 进步

连环赢家处理失败与处理成功的方式一样：锁定重点，继续向前。向马克·鲁法洛学习，无论失败一次还是800次，都不改初心，勇踏征程。

如果灾难和不幸即将扼杀你的激情，请立刻行动起来。

你该如何做？如何展开行动？首先，针对所定计划进行思考。所有计划都是为某个目标服务的：这就是你要关注的焦点。下一步是什么？怎样才能离目标更近或如何才能达成目标？

如果计划失败怎么办？那就采用备选方案。"用行动检验创意。"摄影师兼艺术家约翰·保罗·卡普格尼罗（John Paul Caponigro）最钟爱这句名言。不实践，你永远不知道计划将带来何种结果，或在征途中你会遇到哪些意想不到的困难。每前进一步，你就学到点东西。随着知识不断积累，你会了解开启备用方案有哪些要求，需要什么样的机遇，什么样的计划才真正称得上备选方案。

帕特里克·西恩（Patrick Thean）堪称商场老手，他经营过许多公司，也卖掉了许多公司，还在多家资产达到上百万美元的公司担任企业顾问，指导他们如何完成业绩、保持增长。

除此之外，帕特里克还写出了《节奏：如何在管理方面取得突破并使效益加速提升》(*Rhythm: How to Achieve Breakthrough Execution and Accelerate Growth*)。问题一旦涌现，如何避免陷入困境？听听帕特里克如何支着。"制定备用计划，以防万一，特别是那些极其重要，绝不允许失败的项目……思考一下，对你来说，哪个项目最关键，哪个目标必须达成，然后制定一个备用计划，用作不时之需。"

如果某个关键环节出错，你做好调整的准备了吗？如果经费不足怎么办？如果升职愿望没达成，以致无法完成预期目标怎么办？倘若没有1~2套备选方案，你就有竹篮打水一场空的危险了。攀岩爱好者之所以用绳索把自己保护起来，就是这个原因。一旦不幸失手，绳索能将危险降到最低。在攀岩界，最具冒险精神的就是自由攀岩者，但即便如此，他们也有绳索保护。

备选方案何时何地才派上用场，这谁都说不准，但即便如此，你也要花些时间好好关注一下计划中最重要的部分。问问自己：如果最重要的部分完成后计划就没意义了怎么办？如果后期资金支持不够，或无法取得相应进展导致计划搁置怎么办？还能做些什么才能继续朝目标前进？随着成功经验日益增多，你才能对眼前的形势有更明确的判断，知道何时前进，何时后退，何时按兵不动。

这就像我在阿斯彭乘飞机。我在那工作了几个月，对机场环境十分熟悉。由于天气状况不佳，航班延误率高达25%。我可不会把时间全浪费在等待上。只要得知航班取消，我就会立刻给办公室打电话，让他们替我找从丹佛或英格威尔起飞的航班。等到把车开出阿斯彭机场，我已经知道接下来该往哪个机场去了。

如果没有备选方案，就跟着感觉走好了。这并非开玩笑。做点什么总比什么都不做强。瞄准目标，看看自己能做什么，再选出最佳方案。抓住灵感，继续前进。为什么？首先，行动是希望的源泉，是治疗抑郁的良药。（我指的是暂时性抑郁，而非临床上的抑郁症。）你可以对每位身处绝境的人说："我知道你想放弃，但在此之前，你是否还能做些什么？难道你不想试试吗？让我们动起来。"只要一想到某个行动可以改善自己的处境，他们就有动力了。成功者明白这点。

> 连环赢家将命运掌握在自己手上，
> 他们只在意下一步做什么，然后行动。
> 只要停下脚步，就必败无疑。
> 失败者让想象蒙蔽了双眼，阻碍了行动的步伐。

其次，从失败的边缘到成功实际只有一步之遥。如果跑不动，你就慢慢走。如果走不动，爬也要爬到终点。只要肯行动，最终，你会站起来，从走路开始，慢跑，最后快速奔跑。没错，从摔倒在地到快速奔跑无法一次性完成。你需要时间恢复，让头脑冷静下来。然而，无论如何，即便速度再慢，你也要行动起来。因为只有通过行动，你才能获取真正的知识。

事实＝竞争力

你可能对这句话很熟悉：垃圾进，垃圾出（GIGO）。它所描述的就是计算机行业用户错误百出的窘况。做决策的过程和计算机处理很像。如果你手中全是不准确的信息，猜猜结果会怎样？你会做出相当糟糕的决定，判断失误会导致严重后果。如果失败一直萦绕不断，很可能是你获取信息的渠道出现了问题。

> 连环赢家只在意自己所需的，他们随时准备获取信息，
> 以做出更明智的决定。

成功者都有好奇心。他们想知道更多信息，了解当今趋势，打探创新理念，对自己从情报网或媒体中获得的消息进行补充和升级。他们深知，那些掺假的真相、过时的理论或丧失热度的趋势根本没有借鉴作用。唐纳德·特朗普每天早晨五点就起床了。随时保持消息灵通是很累人的。特朗普要读成百上千份报纸，然后把和公司有关的报道剪裁下来，交给下属传阅。在特朗普看来，这样做自己可以掌握先机，事实的确如此。

一位医生朋友告诉我，他每天至少花一小时阅读医学期刊。照此速度，仅是读完一年出版的论文，就需要花费一个世纪之久。没关系。他只要尽力就好，因为阅读论文的主要目的是了解医疗手段和技术的最新发展状况。

想方设法保持信息敏感性，关注前沿发展。虽然很费事，但这是成功者的必修课。在当今社会，倘若不紧跟潮流，就要面临被淘汰的危险。

追寻自己需要的答案

遭遇困难后裹足不前，守株待兔，这不是成功者的做法。一旦陷入迷惘和不知所措，成功者会立刻展开行动，尽己所能寻找解决办法，直到突围而出。失败者则不然。面对困难，他们立刻就退缩了。"我够优秀吗？应该这样做吗？我的选择是不是个错误？时机是否正确？相比之下，成功者更善于针对目前的情况进行自我梳理：我想做什么？可能完成吗？多久才能完成？克服困难最保险的办法是什么？"

从哪找到你需要的信息？嗯……哪里都可以吗？现代社会的最大好处是可以随时随地获取信息。各种免费或廉价的信息到处都是，你可以找所属领域的专家，他们中甚至有人碰到的困难和你一模一样。只要不是懒癌晚期，所有人都能找到自己需要的信息。从线上开始，阅读名人访谈，参加论坛。从书本获得相关知识，或读读那些你崇敬的领导者的传记。想快速适应社会，就好好利用各种信息源，它们会帮你做出更好的选择。

找成功者聊聊天，取取经。告诉他们你的经历，以及在你看来，为什么现有方式无法发挥效用。问问对方有何意见，或者他们是否碰到过相似的难题，当时又是怎么解决的。别忘记当事人的存在。他们手中信息最多，直觉最准确。向他们请教请教。即使不同意对方的结论，你也有必要知道他们的想法，以及会产生这种想法的原因。

　　假如努力过后，问题依旧无法解决，你就要好好总结一下当前的形势。把事实收集起来，做个研究。关注自己知道些什么，不要把注意力放在未知世界上。获得足够信息，可以做出比较明智的决策后（记住，别在研究阶段卡壳！），一定要摒弃感情因素，弄清你做出了何种选择。将显而易见的、不可能完成的部分去除。考虑最好的选择，付诸实施，然后继续将过程简单化。

简洁＝速度

　　我写这本书时，谷歌已经控制了68％的搜索引擎市场，这是巨大的市场份额。从起步到如今的辉煌，谷歌只用了短短几年时间。自1998年公司成立，仅仅7年后，谷歌的市场份额已经升至60％。许多专家都将谷歌的迅速腾飞归功于其极度简洁的搜索界面："谷歌"占一行，下面是搜索框，除此之外，一无所有。说起来，页面如此简洁完全是意外之举。创始人谢尔盖·布林（Sergey Brin）和拉里·佩奇（Larry Page）是程序员和工程师出身，完全不懂页面设计。布林甚至连HTML（超文本标记语言）是什么都不知道。因此，他俩做了一个尽可能简洁的页面，然后与后台技术相衔接。他们误打误撞地发现了简洁中蕴藏的智慧。

　　从那时起，布林和佩奇成了极简概念的坚决捍卫者。2005

年，玛丽莎·梅耶尔（Marissa Mayer）成为谷歌网络产品总监，文章中这样描述她："她也是谷歌极简风的捍卫者，绝不允许任何破坏界面简洁性的行为出现。'我是公司的理念的守卫者，'玛丽莎兴奋地说，'我不得不拒绝很多人。'"如今，想在搜索主界面上加新图案、新文字或其他创新内容，产品工程师和设计者们必须过五关斩六将，说服所有人才行得通。越简单越好，这句话为谷歌带来了无限收益。

通常情况下，复杂与简洁的区别就是失败与成功的区别。遭遇困难，或无法取得你希望的进步，原因可能是你把东西搞得过于复杂或被复杂化冲昏了头脑。

尽量将事情简单化，这是获得发展的最佳途径

——这，是场战斗。

连环赢家知道，简洁与速度是相应相生的。复杂需要更多技巧、花费更多时间、进行更多训练。做的越多，错的越多。当我们无法前进或前进速度变慢时，创意就起到了关键作用，它必须立时生效。调整方式和解决方案越简单越好。无论继续向前还是困难当道，简单有效的办法总是最受欢迎的。

以下是电影《夺宝奇兵》（Raiders of the Lost Ark）中我最喜欢的情节之一：凯伦·艾伦被邪恶的纳粹分子塞进篮子绑架走了，哈里森·福特试图去营救。在一个街边市场中，哈里森·福特边打边逃，与敌对势力奋力周旋，场面惊险环生。就在哈里森·福特以为自己已经逃出包围圈时，一位阿拉伯剑客

突然出现，他手拿半月刀，向福特炫耀了自己的高超武技。福特看着对方，他知道论刀法，自己肯定敌不过，所以福特立刻掏枪将对方击毙，干脆地化解了危机。

不想遭遇更多难题，就继续学习如何把计划做到最简单。方案越简洁，进步越神速。困难当前，首先考虑最简单的方法，从那里开始。除非情况所需，否则别把事情搞复杂。

小调整＝持续性增长

调整就是保持原有轨迹不变，按当前速度继续前进。在高速公路开车，倘若车速突然下降，你需要变换车道，对吧？这就是小小的，非常简单的调整。但正是这种看似微不足道的改变才是促进持续性发展的关键所在。

连环赢家经常做微小调整，这样有利于克服人们对改变二字的抗拒。我们都抗拒改变，别否认。很少有人愿意面对改变，尤其是大变化。有时，我们之所以陷入僵局，就是因为我们抗拒较大程度的改变。但不幸的是，我们耽搁得越久，偏离既定轨道越远，需要做出的调整就越大。因此，避免大变化的最好办法就是在能力允许或必要的时候持续进行微调。

微调还能帮你远离停滞。如果你的职场目标是当组长，也许你会自愿肩负一些特别的任务，担起某些责任，或者花时间研究小组人员可能面对的难题，并积极寻找应对策略。时常根据外部环境进行微调会为你带来盼望已久的机遇。

在某个时候，人生会偏离目标，内心会迷失。曾经的小问题也突然变成大问题，甚至成了烫手山芋。这时，你别无选择，只能做出大调整，让自己重回轨道。有时，意外犹如晴天霹雳，就这样毫无预兆地降临了。这时，你必须临危不乱，尽快做出决策，大胆调整。但大多时候，进步与成功都依赖于微调。量变引发质变，成功者们日复一日，年复一年的努力一定会带来难以置信的巨大成果。

任何时候，成功可能离你只有一步之遥。倘若你做事再有条理一些，再努把力，再专注一点，你就能跨过瓶颈，克服困难，穿越终点线。

虽然无法次次成功，但为了成功努力拼搏总是可以的。遭遇困难后，你可以放任自流、为自己找借口、停滞不前、怨天尤人，这是最简单的。人生最大的敌人莫过于自己。但是，如果这个目标是你真心期盼的，你就会不顾一切，奋勇向前。所有困难不再是问题。想成功，这是唯一方法。

1 及早决定

5 持续改进

普通人的
成事方法论

2 300% 努力

4 100% 完成

3 调整适应

第4章

100% 完成

今天是搬家的日子。过去的九个月，开发商一直在建造新房，如今终于完工。家具都已到位，而你也载着一家老小来到新家，并把车停在门前的停车道上。

突然，你觉得什么东西不对劲。原来，新房旁边有一堆垃圾。你的配偶说："垃圾不能放在这。"你吸了口气，心想："好吧，小事一桩。"孩子们兴奋地跑下车，冲进门廊，他们已经等不及要看自己的新房间了。你尾随而至，打开前门，走进新家。

哦，天啊！油漆匠还没粉刷起居室呢，厨房里没装水槽，大部分电门还没安挡板，浴室中没装护壁板，壁橱门还没挂到卧室。

问题大了，房子内部居然没完工。

你给工程监理打电话，尽可能用平静的语气把现有情况告诉他。"哦，抱歉，"他说，"我们本想完成的。大家工作十分努力，所有人都经历过严格训练。通常情况下，我们总能在客户入住前完成所有工程。"

哪个借口能站得住脚？

一个都没有！

你不在乎开发商的努力，不在乎他们是否总能按时完工，更不在乎他们的团队。你在乎的只有家人和眼下没处安放的家具。

大学一毕业，我就成了家用建筑开发商监理人。"用98%的精力完成最后2%的工作。"入职不久，我就深深理解了这句话的含义。亲眼看见客户带着家人兴高采烈地入住，交工期限就被赋予了崭新的意义。所有零碎问题必须在交付日前得到解决。不能找借口推脱！但上两个星期却出现了一众难以解决的问题——比如客户搬家入住的当天，水暖工把污泥粘在了客户新放置的白色粗羊毛地毯上（那可是70年代的老物件）。

到了八月，平均每周都有两三家住户用大车拉着一屋子家具，满怀期待地搬入梦想中的新房。你知道最有趣的一点是什么吗？客户不在乎别人家怎么样，只在意自己的房子是否合乎心意。只要稍不称心，客户就怒不可遏。按时完工，绝不找任何借口拖延，这是我的职责所在。否则，你会失去客户、损失成本、尊严全无、信誉扫地，甚至无法在建筑业立足。

你负责的每项工作都是如此，无论是达到季度销售业绩，还是为孩子举办以马戏团为主题的生日宴会，总有人指望你完成某件事。那些被我们寄予厚望，被我们信任，被我们追随的人都难免身肩重责。

完成目标，冲过终点线是功成名就的前提——你将获得他人的信任、尊重和效忠，收获机遇甚至金钱。

达成目标之前不要停止

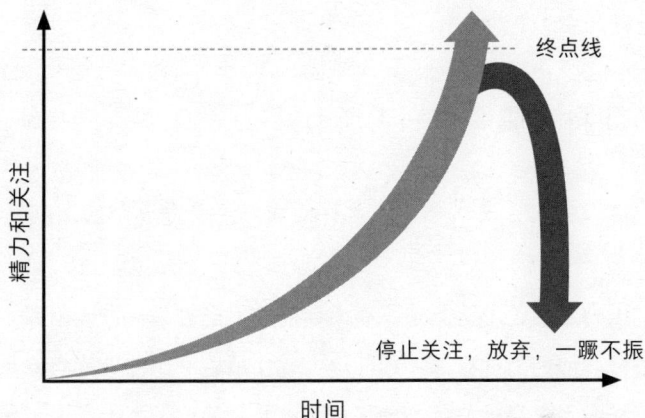

倘若你能力不足，办不成事，就没人拿你当回事。你的受训经历派不上用场，人脉再广也没有用，性格上的亲和力也白费了。以上所有一切都抵不过办事能力的缺失。

诚然，完成最后的2%的确相当困难，所以才有那么多人临阵脱逃，半途而废。但连环赢家却能坚持到最后。面对末尾的攻坚之战，你必须更加专注，意志坚定，不能有丝毫软弱。他们知道你可能会做什么，你想做什么，或你一直在做什么但却收效甚微。

想成功，就要越过终点线。

赢家用现实证明自己的价值，而所谓现实就是达成预期目标。

*　*　*

⏱ 即将完成等于一无所有

有人崛起，有人倒下。这样的戏码几乎每天都在上演。

压力当前，形势紧迫，有人却能凭一己之力，冲破阻碍，达成目标。他们力挽狂澜，顶住压力，在最后一刻冲破终点。重压下仍能成大事是他们的王牌优势。由此，他们的人生又上了新的台阶。

完成了98%并不等同于完成，虽然在很多人看来，剩下的2%根本无关紧要。赢家会认认真真做完剩下的2%，因为他们知道，越到最后时刻，越能一分高下。只有100%完成才是真完成。夸夸其谈的人有的是，这个世界不需要半途而废的家伙，只需要踏踏实实将98%变为100%的实干家。最后退出，输掉的不仅是我们，还有这个世界。

这个世界需要把事情做完的人。

成功者体验过梦想达成的美妙滋味，为实现目标，他们愿意坚持不懈。他们深知一切只能靠自己，别人根本帮不上忙。倘若半途而废，所有努力都将付诸东流，他们再也没机会领略到专属于成功者的风景。

半途而废的危机

上一章中，我重点阐述了"放弃"二字。一般来说，放弃是下策，甚至下下策。在某些时候——比如早期，倘若你觉得此目标并非自己热衷——反悔也许还来得及，甚至还是个不错的主意。但眼见已经完成98%，成功近在咫尺，而你却要放弃，那简直是场灾难。

> 成功就在眼前却选择放弃，你失去的不仅是时间，
> 还有前期投入的所有精力和金钱。

所有时间、金钱，所有考量、计划，所有准备工作全部付诸流水，这是前所未有的浪费。

住在北卡罗来纳州时，我家拥有一座养马场。因此，骑马比赛成了最重要的家庭活动，我们前后买了好几匹马，喂马喝水成了大问题。由于胶皮管供水量不足，我们决定挖口水井。据估算，100英尺①以下就有水源，可以满足马儿们的日常需求。我们雇用了专业勘探人员为我们选择最佳挖井地，还请了钻井公司并敲定施工日期。施工那天，钻井队按约定钻了100英尺，但一滴水都没见到。

施工人员转向我，问道："还要继续挖吗？"

如果继续挖，花费必然增加，但不管怎样，我都要付给他们100英尺的钱，所以说："好吧，继续再挖100英尺。"肯定

---

① 1英尺=30.48厘米。

会挖到什么东西的，我敢保证。

但天不遂人愿，水还是没出现。

"还继续吗？"

"继续。"我喃喃自语。

300英尺，400英尺，依旧没有水的影子。我们甚至开始怀疑马场下面就是撒哈拉沙漠。此时此刻，我要怎么办？停止吗？一滴水没见到，却要给他们工钱。

我决定继续挖。挖到420英尺时，大量地下水涌了出来，不仅饮马够了，供给整个美国都够了。即便在400英尺处停下来，也没人责备我们，但这样的话，所有前期投资就白费了。而且我们还无法为马找到足够的水源！

当时，我想到了拿破仑·希尔《思考致富》（*Think and Grow Rich*）中的一则叫"离黄金只有三英尺"的故事。我从未想过自己竟会经历这样一个鲜明的例子。这可着实给我上了一课。

半途而废会把你置于任人抨击的十字架上，甚至还会名誉扫地。在别人眼中，你是一事无成的代名词，团队成员、同事、家人甚至整个朋友圈都会注意到你的失败。当你再次寻求他们的帮助时，对方只会翻翻白眼，没好气地说："怎么又找我们。上次已经被你耍了……"一天不向大家证明你有坚持到底的实力，你就无法重建信誉，重获人脉。

中途撤军还会损伤你的自信心。别人对你失去的信心也许没那么重要，而自我怀疑的杀伤力是巨大的。放弃后，你只能另起炉灶，找到让自己感兴趣的其他目标，但再次燃起激情会更加困难，因为你必须甩开心理包袱，努力克制自己不再半途而废。此时，随意放弃已经成为一个坏习惯。

坚持到底的益处

比如说你十分热爱烹饪，但你只有几次在自家厨房外做饭的经验。即便如此，你仍旧决定参加厨艺秀。"为什么不尝试一下呢？"你对自己说。"就算第一个被淘汰出局也无所谓。我只想证明自己完全有参加比赛的实力。"于是，你提交了比赛申请，一路过关斩将、杀敌晋级，你获得了更多评委的认可，也有了更丰富的参赛经验。虽然比赛日程长达数月，但你依旧坚持了下来。就在你认为自己精力不济，时间不够，打算放弃参赛时，节目组传来消息，你被选中参加厨艺秀！太棒了。接下来，你重新安排时间，赶赴摄影棚参加为期6周的现场录制。到达现场后，你发现所有参赛选手都是烹饪达人，他们经验丰富，天赋异禀。第一个挑战任务来临了，前景极不乐观，非常之不乐观。

你也许会赢，也许第一轮就被淘汰。感到失落吗？当然。但负面情绪将很快消散，因为你已经达到了自己的预定目标。无论结果如何，你仍旧是大赢家。有机会与专业级的天才厨师同台竞技，你的厨艺将得到全面提升，上电视所带来的曝光率也会为你带来意想不到的机遇。

但最重要的是，通过参赛，你可以证明自己具备实现梦想的能力。

对成功者来说，达成梦想才是实实在在的真理。

从梦想达成中获得自信

无论发生什么，都能找到应对方法，这就是自信。回忆一下第二章中关于自信的论断：最好的自信来源于成就——来源于自始至终的奋斗。因为自信的定义就是无论发生什么，你都有办法解决。

除非你向自己、向全世界证明你有能力，否则质疑声便永远存在。每个人都会自我怀疑——我们也不例外。其他人更会怀疑你。没人认为你能成大事——除非你做给他们看。完成目标是证明自我价值的机会，证明你值得托付，证明你的信念，也证明你并非光说不做之人。这是项大工程，绝非一朝一夕之事。

学习如何做事，特别是如何在规定期限内完成任务，是提高解决问题能力的核心奥义。解决问题的经验越丰富，做事效率越高，自信心就越容易建立。当难题出现，你知道何时向他人求助，以及向谁求助。你学会了利用手边资源，学会了如何组建团队，也学会了如何变通。

对自己的能力越有信心，就越不会自我怀疑，自怨自艾。

达成梦想能帮你扩大视野

前高尔夫球手布巴·沃森在2012年赢得了运动生涯中的第一个大师锦标赛冠军，之后，他在直播间接受了采访，根据传统，之前的冠军要在这里为新冠军授予一件绿色夹克。一位记者问沃森，赢得大师杯是不是他一直以来的梦想。沃森的回答道出了真理："我从未想过自己能走这么远，也没梦想过自己有一天能赢得大师锦标赛。"

大部分人都不确定自己到底能取得多大成就，在梦想之外我们还能前进多远。只有完成了第一个大目标，我们才能更准确地估计自己。布巴的梦想是成为专业高尔夫球手。只有先成为职业球手，后面的一切才有可能发生。

奋斗就像爬山，达成梦想相当于登上山顶。只有到了山顶，你才能看到山那边的景象。看到了那边的景象，你才能找到机遇，有更多选择。因为第一阶段目标已经达成，你就有了继续朝新目标迈进的自信。在此之前，你可能从没想过自己能走这么远。但倘若你连第一个目标都没达成，天知道你会错过什么。

从小事做起，将行为模式固化

做大事有意义，做小事同样有意义。如果连小事都做不好，你永远也没有成大事的底气。想买一本法国经典料理书，按菜谱每周做出两道菜？行动起来。打算每天晚上在跑步机上锻炼20分钟？行动起来。想每周花1小时提高自己的领导力？行动起来。想每月参加两次企业联合会？行动起来。做，就要做到实处。成功并非一朝一夕之事，你必须坚持不懈。想继续赢下去，你就要让生活的每一方面都有所产出，即便你的产出只是提高个人能力。完成目标，完成目标，完成目标，将这种行为模式固化下来。

杰里·辛菲尔德（Jerry Seinfeld）发明了一套独特的方法，

可以让自己顺利完成每日目标。布拉德·伊萨克（Brad Isaac）是位年轻的喜剧演员，他向辛菲尔德征询意见，辛菲尔德这样告诉他：想在喜剧舞台上更进一步，就要有更好的段子。想有更好的段子，唯一的办法就是笔耕不辍。但日复一日朝着目标奋进并不轻松。辛菲尔德建议伊萨克买一本日历、一根红色记号笔。每天完成写作任务后，就在当天日期上画个 ×。几天过后，日历上会有一连串符号。想在喜剧舞台更上一层楼，那就别让 × 出现断裂。

伊萨克采纳了辛菲尔德的建议。从此，他每日坚持写作。随着 × 越积越多，他段子也越写越好。但更重要的是，伊萨克将这种方法拓展到了生活的其他领域，取得了不错的效果。通过这套简单易行的方法，伊萨克养成了万事坚持到底的习惯，得益于此，之后，他必会前途无量。

方法并不重要。（在事业打拼阶段，我采用了一种叫行动罐的方法。）重要的是培养良好的行为习惯。从大脑结构上看，前额皮质部分负责解决问题、发挥创造力、思索未来等行为。它的容量是有限的。习惯则由基底神经节掌管。我们把越多行为变做习惯，就越能腾出较多心智容量来解决新问题、应对新挑战、帮自己跨过终点线。

<blockquote>
取得的成就越多，获得的益处就越大。
你的意志更坚定，头脑更灵活，
更能在未来立于不败之地。
</blockquote>

你有需要为之一搏的目标吗？每日、每周或每月，你是否要达成某些小目标，帮助自己回归正轨，继续朝着大目标迈进？你采用何种办法将行为模式固定下来，以确保自己有始有终，坚持到底？

想有所收获，就必须有所成就

在商场，无所作为就没有回报，这就是底线。无论自己当老板还是为别人打工，想把事业做大，想挣大钱，你必须事有所成，而且要"成"得比别人更好。换言之，你要坚持到底，完成所有任务，一个不能落！

商场如战场，所有参赛者必须交出战果。那是实实在在的数字，足以证明你的能力，证明你在团队或组织中的价值。夸夸其谈、制定生产计划、为生产做准备、培训他人，这些都无法令你获得实际利益。最大的奖赏永远属于实干家。

赢家们在成就中找到存在感和自我价值，这点永远不变。

* * *

没有人是完美的，没有人总能成功。难以预料的灾难的确会让我们偏离人生方向，有时，我们甚至还会绊自己一跤，让自己迷路。人生路上的一切回报 —— 成长、梦想、金钱 —— 只能通过达成目标来兑现，因此，你必须加倍努力完成任务。

即便最后阶段有点艰难，也不要太过吃惊。

⏱ 坚强意志和最后的 2%

成功就像攀爬世界最高峰。

在开始阶段，攀岩是很费精力的，需要你提供各种物质保障 —— 训练、调整、学习以及无数次练习。想征服最高峰，必须循序渐进，逐渐提升攀爬高度。想成为征服最高峰的为数不多的勇士之一，这个梦想鼓励着你前行，鞭策着你奋进。一旦获得了较为丰富的攀岩经验，每次攀爬会更加轻松，进步也会趋于稳定。终于，你做好了万全准备，决定朝珠峰进发。

你做好规划，付完款，经过 7 天的长途跋涉终于赶赴珠峰一号大本营。之后立刻开启了珠峰征服之旅。数周之内，你徒步攀爬了 12.5 英里 —— 前提是抄近路。慢慢地，一步一个脚印，你走完了一段又一段路程。凭此速度，你每天都能攀爬数百英尺。前期训练果然奏效了。最终，你突破了 26,000 英尺大关，来到了死亡区 —— 倘若缺乏氧气供给，你随时可能死亡。不久，你到达了珠峰六号大本营，也是整个行程中最后一个补给站。从这开始，你要向峰顶发起最后冲刺。

距峰顶越近，空气越稀薄。不仅温度逐渐下降，风速也越来越高。营救成了天方夜谭。死亡如影随形。攀岩就是和时间赛跑，耗时越多，登上山顶 —— 或回到大本营 —— 的希望就越渺茫。

在冲刺阶段，登山者会怎么想？"艰难困苦已经过去，剩下的简直小菜一碟"？当然不是。这样想谁都别打算活命。

用登山来比喻成功之路再合适不过了。当然，不可能有那么多梦想需要以生命为代价。但在拼搏之路上，物质、心理和精神上的牺牲是必不可少的。许多人每天都要付出这样的代价。我们制定目标，轰轰烈烈地投入，不惜耗费心血。为维持稳定发展，持续进步，我们建立了固定的行为模式。我们努力奋斗，直到成功近在咫尺。然后……

我们没必要假装。就像水往低处流，惯于寻找阻力最少的路径一样，每当遭遇挫折，人类也会跟从趋利避害的本能——但躲避解决不了问题，事情总是越拖越艰难。按照常理，无论遇到何种困难，你都要勇往直前，直到成功为止，但通常情况下，事情并非如此简单。

克服惯性思维需要坚强的毅力
——它会在最艰难的时刻拉你一把，让你闭上嘴巴，集中精力，努力打拼，直到成功为止。

在我们最需要意志坚定时，它却常常消失不见，以下三个因素堪称罪魁祸首：

- 因之前的成功而过于自信。
- 误以为自己已经度过所有艰险。

•劳累过度。

最后的2%之所以看上去如此艰难，正是因为我们希望冲刺阶段越轻松越好！借着前期创造的良好势头，我们可以顺利度过最后阶段。对于可能遭遇的困难，我们缺乏足够的心理准备——对待最后的2%就像前面的98%一样，丝毫不能懈怠。我们受到过高的心理预期的影响，内心开始脆弱无比。提前做好预期，准备迎接最后的挑战，只有坚持到底，不忘初衷，才能获得最终胜利。

连环赢家不依赖过去的辉煌

2007年1月21日，印第安纳波利斯小马队战胜了新英格兰爱国者队，这场比赛堪称美国橄榄球联合会（AFC）联赛史上的最大逆转。上半场结束时，爱国者队21∶3领先，下半场只要正常发挥，他们绝对锁定胜局。但谁知却来了个惊天大逆转。短短20秒内，小马队竟连拿18分！就在比赛结束前的几分钟，爱国者队仍旧领先，恰逢此时，佩顿·曼宁（Peyton Manning）得球穿越全场，触地得分。此时，距比赛结束只剩几秒。最终结果，小马队以38∶34战胜了爱国者队。绝处逢生，反超得胜，小马队会有多兴奋，你可想而知。

我记得在比赛中，爱国者队的教练比尔·贝里奇克（Bill Belichick）一直在边线旁踱步，嘴里大喊："完成比赛！完成比赛!"但可惜的是,爱国者队并没有做到。他们认为只要开局顺利,一切就 OK 了。这是潜意识中的想法,虽然没人愿意承认,但结果证明,他们的确松懈了,甚至任凭自己被打垮。所有看过比赛的专家一致认为,爱国者队在下半场完全丧失了锐气。当然,队员们已经筋疲力尽了,但每个队下半场都难免劳累不堪。这根本不能成为输球的理由。

完成 98% 意味着你已经取得了一系列小成就。倘若一丁点成绩没有,你也不会走那么远。很好,你正在制订一套夺取成功的行动秘籍。然而,倘若不谨慎,过去的成功也会让你一败涂地!你开始相信,成功是命中注定的。许多伟大球队之所以一败涂地,许多成功人士之所以一蹶不振,原因正在于此。

处于最后 2% 的冲刺阶段时,前面的一切成就已不再重要。
任务完成与否才是最重要的。

你必须低下头,努力向前迈进,直到百分百完成任务。你必须与优越感抗争,必须克制诸如此类的想法:"这是我应得的"或"看看我多努力才熬到今天这步"。无论你多聪明、多有天赋、准备多充分,冲刺阶段都不会轻松。你越希望轻轻松松地完成,你遭遇的困难就越大。网球巨星比约恩·伯格(Björn Borg)说过:"坚持到最后一球。以往战绩表明,我完成的大逆转已经够多了。"

把消极压力降到最低

不久前我听到一句话，它给了我很深的触动："将能量时刻带在身边。"无论你去到哪，碰上谁，遇到何种挑战，记得将形势掌控在自己手中。继续集中注意力，保持积极态度。别把自己挤垮了。

和我一样，光从理论上看，你可能觉得这个观点不错，但若谈到实践，特别是当你为了某个目标艰苦奋斗了很长时间后，坚持理论就困难了。你可能会精神崩溃，也可能体力耗尽。但更重要的是，你的毅力也会削减——这是保持意志坚强的关键因素。多年来，心理研究证明，意志力也会被耗尽。倘若为人父母，你一定有这样的经验：晚上哄孩子最难，特别是上床睡觉前的几小时。孩子的意志力已经耗尽，他们开始胡闹，而偏偏此时，你的意志力和耐心也耗尽了！作为成年人，压力、失眠、缺乏锻炼、营养不良都会耗尽你的意志力——在冲刺阶段，以上情况很可能发生。

成功者尽可能将消极压力减小到最低限度，这是他们始终保持意志坚定的秘诀。可能发生什么不重要，此时此刻该做什么、能做什么更重要。绝不让情感盖过理智，成功者尤擅此道，他们利用自身能力坚守信念，用自我约束营造健康体魄，只有规划好个人生活，才有力气达成目标。这是保持意志力坚韧的要诀。

多年来，我一直担任普美利加营销公司的团队联合会召集人。在为期三天的日程中，大家轮流发言、举行特别活动，并颁发奖励。至今为止，与会人数已达数万。大家不远万里赶来，会议既有趣，又收获满满。然而，这是一项极其费事的工程，需要许多前期准备。每个人都是复杂的个体——开会就如同拼图。这块放这，那块放那，一切根本不像想象的那样简单。但最后一分钟无论出现什么困难，会议都要如约开始。周三中午之后，"麻烦不断"的与会人员就要纷纷到场；周五中午，会议正式开始。演讲嘉宾收到的会议信息有可能出错，以至于飞到了另一个州的其他城市。天啊！奖杯还没准备好，不同奖项的得奖者也搞混了。在大门开启的一小时之前，你突然发现舞台工作人员搞错了舞台的位置，或者把3000名观众椅竟然全都放反了。

担任会议召集人这么多年，我见证了会议准备阶段的各种手忙脚乱，因此，为了拯救脆弱的小心脏，我为所有工作人员和会议策划者制定了一套应对哲学。周三中午之后，无论发生什么困难，我们都这样想："太好了！这样更好!"一半与会者都罹患流感？太好了，那么大的空间留给那么少人用，要多宽敞有多宽敞。嘉宾演讲者无法出席？太好了，多给其他人点机会，也许大家都想讲两句呢。通过自我减压——时时刻刻掌控全局——我们可以对计划做出最佳调整，继续保持向前冲的干劲。问题永远存在，最后一分钟也可能出错。

除非能够确证自己可以成大事，我们就是最脆弱的。此时此刻，我们必须静下心来，摒弃情绪的左右，告诉自己："也许以前我做不到，但现在，我能做的就是再向前迈一步，迈一大步。"成功者不允许自己被过去牵绊，被困难吓住。在关键时刻，他们绝不慌神，不浪费丁点力气，克服困难，继续向前，这才是成功者要做的。所以，当你再迈进冲刺阶段，困难当前时，记得对自己说："太好了！我会完成得更好！"被困难牵着鼻子走只会让你的意志力消磨殆尽。

连环赢家永远保持高度警惕

即使已经过去了四十年之久，我仍旧清楚记得每个工程将要完工前的那几天，我自己的内心感受。筋疲力尽，体力透支，熬过了漫长的工期，每周工作 80 小时，只为做好眼前的大工程。我可不想再横生枝节。当然，有些简单的小问题难以避免——例如管道工把污泥粘在屋主新铺的白色地毯上。这很好解决（叫人来把地毯弄干净）。只是我已经很累了，实在没力气为这种小事耗费心神。

最后阶段和之前没什么不同——困难仍会随时出现。唯一的不同点就是，现在你心理更脆弱、更容易自怨自艾，这是走向放弃的前兆，因为事到如今，为了成功，你已耗费了无数心神。冲刺阶段的困难就像压垮骆驼的最后一根稻草。连环赢家会如何做呢？他们随时保持高度警惕，小心翼翼翻过每块石头，每迈一步都深思熟虑，了解所有弱点，确认、确认、再确认，避免最后一分钟在阴沟里翻船。

连环赢家未雨绸缪，避免被困难弄得措手不及。

连环赢家知道自己脆弱，但他们习惯未雨绸缪，避免让自己毫无准备、任人宰割。新英格兰爱国者队的队员最害怕成为比尔·贝里奇克的提问对象。这位教练要求队员必须最大限度地了解对手。谁是最危险的敌手？过去的三场比赛，对方表现如何？有何弱点？他们有家人吗？之前他们为谁效力？大学时在哪个队参赛？全队最喜欢哪场比赛？哪场比赛最成功？关于对手的情况，比尔一直保持高度警惕，他希望自己的队员们也是如此。在《华尔街日报》上刊登的一篇文章中，爱国者队前后卫西斯·埃文斯（Heath Evans）曾说过："关于对手的情况，比尔希望你知道得越详细越好，而最了不起的是，他本人对竞争对手的情况简直了如指掌。"在全国橄榄球联盟中，爱国者队是大家公认的赛前准备做得最充分的队伍。虽然不能保证场场必胜，但爱国者绝对是强队中的强队。

进入冲刺阶段后，一切都成了关键，即便最小的细节也能决定最终的成败。你应聘了期待已久的工作，如今已经进入了第三轮面试，在面试前夕，你会如何做？和朋友开个派对庆祝？当然不是！你必须在家做好充分准备：确保最好的西装已经从干洗店拿回家；阅读更多关于公司的材料；想想明天可能碰到哪些人，阅读他们的背景介绍；通过领英了解对方情况。列举出30个对方明天可能会问你的问题，并仔细思考答案。未雨绸缪，充分准备，预估可能出现的问题，尽力解决。

严肃对待最后阶段。充分调动意志力，时刻保持警戒状态。别让困难杀你个措手不及。

冲刺阶段和中间阶段大为不同，连环赢家心知肚明。冲刺阶段与项目刚开始时更像，你会更脆弱、更疲惫，也更紧张。连环赢家时刻将这些记在心中，以保持头脑清醒。他们不允许自己被打败，而是埋头前进，奋力攀爬，直到终点。

⏱ 能力×付出，天赋×奋斗

越早接受成功不容易这条真理，形势越对你有利。

现实就是如此：成功需要付出代价，需要不断努力工作。多努力？达到预期目标即可。竭尽所能，勇往直前。就是这样，梦想达成前绝不停息。想更快到达终点，就要更努力。直到完成梦想，奋斗才能结束。如果梦想还未完成，那说明你投入得还不够多。

努力奋斗可以调动你的一切优势——已有的经验、天赋、知识和技能。优势摆在那不利用就相当于不存在。只有把优势调动起来，它们才能发挥功效。如何成功，看看下面这条数学公式：

能力与天赋 × 努力与付出 = 成功

也许对能力超群或极具天赋者来说，成功就是分分钟的事，但对普通大众而言，想成功，不付出辛苦是不可能的。这就解释了为什么一流强队或明星球员也无法保持连胜。应该赢并不代表一定会赢。所以，你只能亲赴现场，努力拼杀——记住，任何事都可能发生。

比如你有两个队伍。每个队伍的能力以数字表示，范围是1~10；付出的努力则以百分率表示。每组成员的天分有多高？他们付出了多少努力？70% 还是 80%？具体详情如下。

<table>
<tr><td>A 组</td><td></td><td>B 组</td></tr>
<tr><td>（能力与天赋 × 努力与付出）</td><td><</td><td>（能力与天赋 × 努力与付出）</td></tr>
<tr><td>8×60% = 4.8</td><td></td><td>6×90% = 5.4</td></tr>
</table>

胜者是谁？B 组。虽然组员的能力和天资稍差，但勤能补拙，他们工作努力、态度积极。既然没有团队或个人能做到百分百胜利（成功者也有脆弱的时候），那我们一定有机会突出重围，反败为胜。

成功者靠奋斗，而非仅仅靠侥幸。成功者明白，天赋和优势无法将你径直送往成功彼岸。他们必须奋斗，每天、每时、每刻，直到梦想达成。成大事者经常把"艰苦磨砺"四个字挂在嘴边。这句话既不光彩四射，也不性感迷人。你当然不想把自己弄得那么凄惨，但成功者就是如此，这就是他们的平时状态。

惨败给芝加哥熊队后，纽约巨人队乘坐包机返回大本营，巨人队教练比尔·帕塞尔（Bill Parcells）的心情极度郁闷。入选全国橄榄球联盟（NFL）名人堂后，比尔接受了 NFL 新闻网系列节目《橄榄球人生》的采访，他回忆了这段被他称为事业转折点的经历。当时，坐在比尔旁边的是米奇·库尔克兰（Mickey Corcoran），他曾是比尔高中时代的篮球教练，现在也是他的顾问。为打破紧张气氛，米奇朝比尔靠过来，说道："嘿，帕塞尔，你得想个办法打败那些家伙。"倘若换成别人，比尔早爆发了，但面对米奇，他只说了句："他们真的很强。"米奇答道："怎么是很强呢？应该是相当强。你必须想想，怎么做才能打败他们。"据帕塞尔回忆，他果真进行了一番"头脑风暴"。沉浸于思考让他忘记了一时的输赢，此时此刻，他的脑海中只有如何打败巨人队这件事。也正是这一刻改变了他的职业发展轨迹。

努力奋斗——决心以及斗牛犬般的毅力——是我们唯一可控的。是的，经过磨炼，能力也会提高，这是你应做的（下一章会讲到）。但在每个时刻，特别是进入冲刺阶段后，你的能力处在哪个水平就是哪个水平了，倘若自觉能力不足，唯一的选择就是加大马力，拼尽全力。加倍下注。坚持到底，完成目标。既然无论输赢都要付出代价，那就不妨为成功赌一把。

当你追寻梦想受挫，意见便从四面八方涌来，虽然突破就在眼前，但仍然有人在你耳边絮叨，劝你放弃。在其他人看来，你的决定与努力也许毫无用处。别听他们的。即使出于好意，这个意见也荒谬至极！休息时间有的是，成功对你来说意味着什么只有你自己知道。丰收时节，农民几乎不眠不休。为了触地得分，赢得比赛，球队在场上厮杀，没人想到球员究竟多劳累。为了某个目标奋斗多年，目标达成之前，你绝不能退缩。

为运气做好准备

所谓幸运儿，大伙并不陌生。有人占尽天时地利，轻轻松松就能"成大事"。有人总能找到贵人相助，抓住时机一飞冲天。有人简直是上帝的宠儿，随时都有绝佳机遇降临。每当世界敞开一扇门，他们准能适时而入。真是幸运的家伙。

他们早早就得到成功的垂青。工作轻轻松松，进步唾手可得，这些家伙根本没经历过我们的苦日子——从早忙到晚，进步缓慢，时时刻刻如坐针毡。周围全是支持他们的伙伴——乐于帮忙的配偶、听话的孩子、能干的员工、完美的商业伙伴。也许，这些幸运儿家的后院都有油井，石油突突向上冒。就算龙卷风袭击了整个城镇，到了幸运儿家也要绕着走。无论发生什么，他们都能点石成金。对他们来说，冲刺阶段根本算不了什么，相同的问题在我们看来是难以跨越的大山，在他们看来简直小菜一碟。

当然，上面的话听起来有些极端。但就是有许多人崇尚运气。不信？你可以验证一下。随便到外面找三十个人，让他们列出获得巨大成功的五个要素。我打赌，大部分人都会提到运气，没错吧？

成功者的运气就是努力工作，做好万全准备。

成功者的"好运"是自己拼来的。舒舒服服地坐在沙发上，等着天上掉馅饼？哪有这事。他们必须走出家门，以梦想为目标，做好长期奋斗的准备。成功者既不放弃，也不屈服。正是背后的努力与坚持，他们才有机会搭上幸运的列车，驶向成功的彼岸。

运气就像冲浪时大海中的波涛。没有海浪，你冲不成浪，但不具备以下条件，你也无法利用海浪：

- 冲浪板
- 在合适的时候出海
- 划到合适的位置（非常耗时）
- 随时保持警惕，找到合适的浪头
- 选择浪头，努力划水，趁浪头还未高过头顶，尽可能多为滑行创造动力
- 趁着海浪升到最高点，尽快挪到适当位置，然后一冲而下，能滑多快滑多快，能滑多远滑多远。

冲浪成功后，你也许会兴高采烈地大肆宣扬："我真幸运。今天浪头可足了。"很好，继续加油！即便外界环境一片大好，你也要做足准备，才能对其充分利用。运气就是这样生效的。

没错，爆裂式的运气的确会出现。事实上，它们就在你身边。突然间，一切峰回路转，看着吧，改变命运的时刻即将来临！这种幸运之所以被称为爆裂式，就是因为每个成功者都要面对重重压力，这些压力就像立在梦想之路上的绝壁，只有绝壁粉碎，梦想才能现出原形。日复一日，成功者必须想方设法找到绝壁的弱点，突出重围。瞧——爆裂式幸运！绝壁的崩

溃并非重点。崩溃的过程更重要，只有努力付出，才能获得好运，才能成大事。

幸运并非赢家成功的关键因素，实际上，运气只能帮你走完最后1%的征程。赢家之所以成功，就是因为他们不屈不挠、奋勇前进，直到成功为止。

许多顶级喜剧明星都在约翰尼·加尔森（Johnny Carson）主持的《今夜秀》中迎来了事业巅峰。在大部分人看来，《今夜秀》和约翰尼·加尔森是喜剧演员一步登天的最佳途径。但约翰尼却不这样看，他总强调自己真的没做什么，只是给演员们一个五分钟登台的机会。他们按时到场，充分发挥表演才能。约翰尼提到，受邀的演员必须提前做好准备。机会只给有准备的人，这话一点不错。

机遇来临，你准备好了吗？

诚然，运气的确是成功的必备因素。比例也许只占1%，剩下的99%是充分准备、做好决断、努力拼搏。

⏱ 专注、专注、专注

当顶峰就在眼前，保持专注最为重要。

我曾身陷事业低潮。大约16个月未踏足北卡罗来纳州。虽然团队成员很给力，但资金链已经断裂。伙伴们还不够成熟，团队扩展速度过快，所赚收益无法支撑庞大的团队开支，当时，我已濒临破产。就在关键时刻，经理鲍勃·图尔利打来电话，说240英里外佐治亚州比格卡诺分公司的高级经理突然辞职，问我有没有兴趣接手。上帝，我居然对此毫无兴趣。"鲍勃，我破产了，"我在电话中说，"所以买不起汽油。"

鲍勃一向是最佳倾听者，他没理会我的抗议。"听着，阿尔特和安吉拉"——公司总裁阿尔特·威廉姆斯和他的夫人——"要请几天假，亲赴现场与团队会谈。此行的主要目的是在最后关头拯救你的事业。你必须到场。我给你50美元作为路费。至于来时的汽油费，我不管你是抢银行还是干别的，总之必须把钱搞到手。自己看着办吧。"鲍勃居然能说出这种话。无论我抢银行的水平如何，我也得找到办法筹钱。究竟怎么干的我已经忘了，反正钱是拿到了。

阿尔特开门见山，立刻在公告板上写下两点要求——想做成功的领导，必须按照这两条执行。首先，他用大写字母写下"好人"两个字，然后解释了其中的意思。你必须成为大伙信任的人，必须具备良好的道德修养、言行一致、为人可靠，说到做到。如果自己说了不做，下属不会听你的。

接着，阿尔特把公告板翻过来，又用大写字母写下"好的生产者"。如何证明自己并非光说不做之人？拿出成绩来，用数字说话，让大家心服口服。这个世界上，要嘴把式的人太多了。少说多做，注重实干，你才能脱颖而出。

强调完以上两点后，阿尔特停了一下，他看着我说："拉里，对你来说，钱并非最重要的。"

这真是对我最好的恭维。我从小在教堂长大，一直把助人为乐、服务他人当作人生的信条。我坚信人在做，天在看，好事做多了，自然会得到上帝的垂青——到时钱自然会落到你的头上。听到阿尔特这么说，我想："哦，大家终于发现我是个无私的人了，这可真棒。"这感觉简直像得了奥斯卡。

我说："好吧，谢谢你，阿尔特，我会努力抱着这种态度工作的。"

阿尔特虽没说什么粗鲁之言，但以下这番话却着实令我大吃一惊："这是愚蠢的想法，在商场混，就得一切向钱看。"上帝啊，对我来说，这简直是公开的羞辱！接着，他又说道，混商场的目的就是赚钱。下属为你干活的目的也是赚钱。作为项目和业务主管，倘若你不向钱看——不把精力放在制造利润上——下属就赚不来钱。他们最关心的并非你最关心的。"别教下属如何饿肚子，他们不需要。"阿尔特说。

越琢磨阿尔特的话，我越能体会出一个道理，放弃底线——无论结果如何，你都要赢——意味着偏离轨道，只有回归正轨，才能达成目标。在商业社会，目标就是赚钱，获取利润。具体到你的工作，销售业绩好坏、制定战略成功与否、服务水平高低都将影响最终所得，但无论如何，你都要确定一个最起码的产出，以便达成目标。

眼见大事将成，你很容易放松警惕。劳累、挣扎与疑惑纷纷袭来。也许，你已经开始考虑下一个目标为何，但却忘了眼前尚有大事未完。

那个周末与阿尔特见面时，我已经在商场摸爬滚打了四年多，每月工资只有三四千美元。这根本不够维持我的生活及业务开销。从佐治亚州回家后（靠鲍勃提供的50美元），我立刻走上了变革之路。在我的带领下，组员们开始以业绩为工作重心。我们为每个人制定了具体目标，以数字为依托，鼓励大家进行良性竞争。从此，我不再问"事情进行得怎么样了"（最好员工和最差员工都会回答"很好"），而会问"这个月业绩多少"。我想创建一种新文化，但不想做暴君。我开始提正确的问题。很快，组员们开始关注业绩，更加努力工作。带着目标前进，这才是做生意该有的样子。最后，我们真的成功了。

对我来说，这意味着什么？我的事业得到了拯救。数月过后，我的月收入从6000美元一跃升至11,000美元，最后又上涨到22,000美元。显然，对个人来说，这相当了不起。我不仅为公司创造了巨大收益，自己事业有成，还让家人过上了更好的生活。挣扎了那么久，我终于得偿所愿。

组员们也得到了实惠。我成就了他们的职业梦想，让他们得到升职加薪的机会，业绩提升也很快。与阿尔特会面几个月后，我们小组中的佼佼者就自己单干，成立了个人工作室。第一个月，他的收入就达到了25,000美元。在此之后，我陆续帮助数百人实现了他们的职业梦想，销售业绩可达6位数。在努力工作的前提下，我为这些人才提供良性的竞争环境，让其专注于学习，做正确的事。倘若我的目标不正确，这一切就不可能发生，我们也不可能克服重重困难，取得长足进步。

找到正确目标，直到目标完成。成功者就是这样干的。

做最重要的事

做大事很容易浪费时间和资源。你工作努力，全面出击，精力体力都快耗尽了。然而，假如你不够专注，也许对你来说，眼下这件事并非最重要——与梦想关系不大。我想起了莎士比亚的杰作《麦克白》中最著名的台词："喧哗与骚动毫无意义。"一旦挣不到钱或丢失晋升机会，你的内心就困惑无比，继而气急败坏、坐立不安。之后，无端谩骂和借口便接踵而至。除了死亡和纳税，失败者必定不会做的就是责备自己。老师、老板、父母和妻子都可能批评他，但他绝不会自我批评。

失败都是逐渐发生的。先被一个挫折绊一下，再被另一个推一把，不知不觉中，我们已偏离既定轨道。在冲刺阶段，面对各种未知结局和新选择，我们很容易忽略最终目标。当我们在小问题前败下阵来，前路仿佛越发艰难。面对崭新的机遇，我们激动万分，立刻把最终目标扔到一边，做事效率大大下降。想成功，必须把注意力放在最终目标上，绝不能三心二意，极力避免成为查理斯·赫梅尔（Charles Hummel）笔下"匆忙暴君"（the tyranny of the urgent）的阶下囚。（"匆忙暴君"写于1967年，至今你仍能查到原文。）"集中注意力搞好眼前的工作，"亚历山大·格莱汉姆·贝尔（Alexander Graham Bell）说，"没有透镜的聚焦，阳光就引不起大火。"

把最重要的事看作最重要的事才是最重要的事。

做大事并不容易，牺牲是必要的。你要忽略周围有趣或激动人心的事；你要做出调整，以求跨越终点线；你不得不放弃一些正在从事的活动。时间和金钱是有限的，你只能用它们兑换自己真正想要的东西。你必须有所取舍，因为万物都需付出代价。要搞好平衡，有时相当困难。你不得不舍弃一些自己真心喜欢的东西。虽然，某些牺牲只是暂时的。

只有"祛除旧的"，才能"得到新的"。你是决策者。把那些既浪费时间又耗费资源的玩意儿丢掉不会对你产生任何影响。此时此刻，你必须掌控自己的人生，多琢磨琢磨那些老生常谈：

- 一直在人前做多面手，这是不可能的。
- 你无法一直取悦所有人，其中包括你自己。

如果无法做出类似选择——为了更大的目标，放弃一些个人的小爱好——你就永远不会集中注意力，完成最重要的事。

摒弃杂音

如今，尼克·萨班（Nick Saban）是最杰出的大学橄榄球教练之一。他在阿拉巴马州立大学的执教经历堪称奇迹——他已证明自己足够优秀，绝对有资格与传奇教练保罗·威廉·布莱恩特（Paul William Bryant）比肩而立。迄今为止，在尼克·萨班的带领下，连续四年，阿拉巴马州立大学橄榄球队三次闯进BCS系列全国冠军联赛。

作为常胜将军，尼克的一言一行倍受公众关注，尤其是他的饮食习惯在新闻记者和粉丝眼中已经成为一个谜。每天，尼克的早餐和午餐都吃同一种食物。你没听错，就是每天。早晨两个小黛比燕麦奶油派，中午一盘沙拉加火鸡或鸡肉。为什么呢？《绅士季刊》的一篇关于尼克的深度报道写道，这样他就能"节省很多时间，不用再费心考虑每天吃什么，由此也可以看出尼克喜欢将日常行为习惯化"。将每日生活固定下来可以节省许多时间，这样他就有更多时间思考更加重要的事。只要营养跟得上，每天吃什么有何要紧？等赛季结束，尼克自然有机会品尝美食。

别在其他事上费心思，把注意力放在重中之重上。

别在杂事上费心思。生活中杂事有的是：精神上、情绪上、肉体上，简直无处不在。无论周边环境如何，想方设法滤掉杂音。否则，保持专注会相当困难。

时间、能量和资源是有限的。想成大事，牺牲在所难免。抛弃无价值的东西，将最具价值的留下。把大部分时间花在你最想做的事上（因为这样才能最大限度地利用你的时间），至于其他的，快刀斩乱麻即可。

背水一战

什么是背水一战？我从比尔·格拉斯（Bill Glass）那里首次听到这个词。那天，他到我们高中给校橄榄球队做演讲。比尔曾说，一旦下定决心，就要坚持到底。就像跳伞时没带伞包，把自己逼到绝境，让自己没有其他路可选。

赢家知道如何坚持到底。在飞机起飞或做出决定之前，赢家必须收集信息，讨论方案并进行分析。决策一旦敲定，赢家就会坚持执行，决不放弃。他们不给自己其他选择，不找任何借口。既然投入就要倾尽全力。完成目标是唯一选择。

在最后一章，我将讨论如何根据环境调整计划。处于冲刺阶段，面对最后关头的难题，你要做好微调。大调整已经不可能了——比如重新考虑计划，或重新设立目标，因为时机不对。此时此刻，你能做的，只有关注眼下，完成目标。坚持到底是必须的，因为这样做是值得的，即便你想重新设立目标，也要按程序办事，完成一个再做另一个。仅仅因为专业缺乏实用性就在大学最后一个学期退学，这种事谁也办不出来。因为有了新点子，开业第一天就关张，这绝不可能。先完成眼前的目标，再筹划下一步。

> 在冲刺阶段，完成目标是唯一的正确选择。
> 其他都是借口。

找借口是不够专注的表现。比如去年的《创智赢家》

（*Shark Tank*）节目，马克·库班（Mark Cuban）告诉一位年轻姑娘他无法为其投资，因为这位姑娘不够自信，无法突破自身局限，克服缺点。她手中有个非常不错的产品，而且过去几年中，她已经在上面投了不少钱，但却一件产品都没卖出去。

姑娘的借口是：性格内向。她不愿主动推销产品，也怵头给卖家打电话，让他们把产品放在自家店铺中销售。在她看来，性格是自己生意失败的主要原因。她只是无法让自己走出内心的舒适带而已。

从表面上看，姑娘非常专注于内心的梦想，但实则不然。库班告诉她，如果她实现梦想的欲望够强烈，就不会为自己的缺点找借口。由此可见，她的决心还是不够强。此话真乃一针见血！库班告诉那位姑娘，倘若她对自己和产品没自信，那我也没有为你投资的理由。库班的话虽然很犀利，但姑娘知道，他说的全是真理。

面对现实吧。如果没有突破自身障碍的勇气，不愿走出内心的舒适带和安全区，你就永远无法成功。

自己宁愿随波逐流，别人就更没必要拿你当回事了，对吧？对方为何买你的账？为何听你的？更别提给你投资了。这决不可能。倘若连自己都不相信自己，别人如何相信你？做事多努力，你对梦想就有多专注。群众的眼睛是雪亮的，你表现如何，大家有目共睹。

找借口就是不够专注的表现。在意识深处，你仍旧觉得自己有所依靠——很可能是你的借口——仍旧无法走出内心的安全地带，以背水一战的态度努力拼搏。只有扔掉伞包，才能完全专注于梦想。

　　想要收获，就不能畏惧艰辛。你必须坚持奋斗，直到成功。孤注一掷，才能大获全胜。无论目标为何，拼搏是少不了的。你要付出时间和精力、做出决策和牺牲，心无旁骛，坚持向前。只要心诚，办法有的是。

　　这是成功者的做法，是他们脱颖而出的方式。

普通人的
成事方法论

1 及早决定

2 300% 努力

3 调整适应

4 100% 完成

5 持续改进

第5章

持续改进

　　昙花一现的奇迹创造者，我们并不陌生。这类人在音乐圈居多，在其他行业偶尔也能看到他们的身影。某位企业家一鸣惊人，但再也无法缔造出另一个奇迹。公司里的某位闪亮明星，职位一升再升，如今却触到了事业天花板。某位销售人员在一个月甚至一年里创造出销售奇迹，但却很快销声匿迹。这些奇迹创造者来自哪里？又将去往何处？

　　昙花一现并没什么不好。他们的成绩是出类拔萃的。然而，如果这些人能把纪录保持下去岂不更好？设想1962年，萨姆·沃尔顿（Sam Walton）在阿肯色州罗杰斯成功开设第一家店铺后就满足于此，宣布停止扩展事业；第一台苹果电脑上市后，史蒂夫·乔布斯就偃旗息鼓，他们将错过多少机会？

　　许多人一辈子也得不到一步登天的机会。但当机会摆在眼前，很多人又无故浪费掉了。这种想法就是失败的陷阱：努力那么长时间，既然取得了一些成就，更多成就自然会接踵而至。于是，他们懈怠了。刚开始注意不到，但等他们注意到了，早就为时已晚。也许在你看来，成功——完成大任务、连升三级、工资飞涨 —— 意味着你不可能掉入陷阱。谁说的？

　　第一次或前几次胜利会让你自信心爆棚。你知道成功需要什么，知道哪里最艰难，也知道自己有哪些地方有待改进。正所谓吃一堑长一智，承袭上次的教训，继续努力，你才能真正进步。生命如逆水行舟，不进则退。拼搏后取得了突破，你当然很激动 —— 但兴奋之情无法持久。最终，情绪会消退，内心会麻木。想要更大进步 —— 取得更多、更高的成就 —— 这不是贪婪，而是生活的本来面貌。

　　　　　　　连环赢家擅长顺势而上，趁热打铁。

　　连环赢家将每次成功视作跳板，有了今日的小成就，才有明日的大成功。他们放长线钓大鱼，不执着于眼前的利益。成功完成某项任务后（甚至有时还未完成），赢家们立刻把注意力放到接下来的目标上，下一段旅途即将启程，下一座高峰即将被征服。终极目标会离他们越来越近，这次，他们将成大事。为什么？因为赢家们知道：

- 成大事不是一锤子买卖，而是细水长流。
- 充满挑战，有所成长才是生活的最佳模式。

　　在本书的开头，我曾说过：成功并非一朝一夕之功，必须从长计议。你不必把成功局限于生活的某一方面，而是应该全面出击。单打独斗成不了大事，合作共赢才是正解。

成功者一直在追求进步，他们从未停止过奋斗。想时时刻刻保持领先，必须马不停蹄。成功没有尽头，没有所谓至善至美。我们随时都在成长和学习，奋斗途中不畏艰险，随时接纳新思维，迎接新机遇。

连环赢家从不把成功视为理所当然。他们不相信"终点论"，而是时刻铭记自己要做的还远未完成。当然，每获得一些小成就，他们会稍微暂停，自我陶醉一下，然后再向下阶段迈进。对进步的渴望鼓舞着他们勇往直前；只要有动力，就没有懈怠。

停滞越久，惰性越强，克服起来越困难。不要在停停走走间耗费过多精力，否则办事效率会下降。这就是为什么军用机都在空中加油。保持势头，你会走得更远。"利用或丢掉"，是生命中一项十分重要的信条。肌肉不锻炼会萎缩，汽车不开会生锈，刀子不磨会变钝。成功就是磨刀的过程，让你办事越来越有效率，头脑越来越灵活，最后养成良好的行为模式。然而一旦放松，所有优势都将慢慢消退，你也将沦为平庸。

这就是连环赢家的特殊之处。他们不会让自己内心倦怠。持续进步才能当常胜将军——才能超越目标，走得更远。连环赢家喜欢胜利，他们从不想输。

⏱ ABI 法则

想知道成功的秘诀，想做胜利达人，读读下面的内容。

从头到尾，我一直在阐述成功的循环原理。及早决定，300% 努力，调整适应，100% 完成——这个循环适用于每个人，偶尔帮你获得成功也并非难事。但大部分人都想知道，连环赢家背后的秘密是什么？成功接二连三地眷顾他们，因由何在？当然，连环赢家也有摔跤的时候，但他们很快就能回归正轨，立刻取得成功。这是为什么？此类问题我每周至少听到一次。答案如下：

持续改进。

成功循环的每一步都很重要，但ABI法则才是连续获胜的奥义所在。连环赢家就是靠着这项法则从众人间脱颖而出。无论在事业、爱好、人际关系，抑或是日常生活中，连环赢家都秉承着这套法则。

安迪·杨是我在普美利加营销公司的同事，也是我负责的小组成员。他的事业发展极为成功，是ABI法则的受益者之一。安迪六岁时，他的母亲，一位世界级的音乐家，就给他报了钢琴课。安迪花了很大力气练习，终于成了小有名气的钢琴家。除去钢琴外，安迪还在学校乐队里吹大号。

同时，安迪还加入了校橄榄球队，仅仅一年后，就升至队长——这可称得上前无古人了。为磨炼技艺，成为优秀的防守截锋，安迪一遍一遍地练习，从不松懈。他甚至找来麦克·门泽尔（Mike Mentzer）为自己进行力量训练，巧的是，这位国内顶级力量训练师正好住在安迪家附近。兼顾钢琴、大号和橄榄球的同时，安迪还要继续学业。结果呢？毕业时，安迪获得了多所大学提供的橄榄球奖学金，要哪个随便挑。

在维克森林大学上学时，安迪的膝盖屡次受伤，在大四那年，他最终不得不退出校队。知道大学可以担负自己第五年的学费后，安迪申请了西班牙语作为第二专业。努力学习不到一年，安迪成了维克森林大学语言实验室的主管。大学毕业后，瓦乔维亚银行聘请安迪到哥伦比亚的博格达当翻译。样样拿得起来，样样学得棒，短时间就能取得如此成就，安迪果真不简单。

不，安迪的成功并非光凭天赋这么简单，再说他也不可能样样精通。他只是学到了改进的方法而已（而且是快速改进），然后将其反复应用于不同领域。只需做出改进就能不断提高自己，有了这种自信，样样拿得起来也就不稀奇了。

每个人都能变成万事通

安迪具备所谓的"成长型思维"。卡罗尔·德韦克（Carol Dweck）是斯坦福大学的教授，同时也是声名卓著的心理学家。在研究人类为什么能取得成功时，她将研究对象分为两种：具备成长型思维的人和固定型思维的人。固定型思维的人习惯于用二分法看问题，自己不是聪明就是愚笨，不是具备开创性就是墨守成规，不是某方面的天才就是天生的庸才。想要成功，他们只能向世界证明自己的力量。而成长型思维的人相信能力和技巧是可以通过后天磨炼提高的。猜猜这两种人谁能成为连环赢家，谁生活得更幸福？

你永远有机会提升自己。永远！无论你想做什么，无论此时此刻你距目标（当然，这个目标得是理性的）还有多远，只要不放弃希望、继续奋斗，你终有成功的一天。只要运用ABI法则，我保证，你一定能取得突破性进步。成长越快，进步越明显。在这里，成长也变为一门技术，掌握这门技术将让你的生活发生翻天覆地的变化。搞定一个领域，再用同样方法搞定下一个。最终，自我改善会和吃饭睡觉一样，成为必不可少的日常习惯。这就是成为连环赢家的秘诀所在。

连环赢家们认定一点，在不同领域进行自我改善和锻炼肌肉差不多。平时不去健身房苦练，不付出大量汗水和精力，完美身材就能突然降临？绝对不可能。先迈出第一步，过程是痛苦的，但你必须坚持下去。最终，通过一步步逐渐深化，情况便会改善，你的技艺也将有所提高。昨天还难得要死，今天却豁然开朗，这说明你进步了、提升了。最后，你所做的一切将转变为第二天赋。这是显而易见的，不是吗？过去，你一直在坚持，而未来，你还要坚持到底。这才是真正的学习。

除了学习能力，另一方面经常为人所忽视，那就是判断力和直觉。用最通俗的话说就是启发法。启发法堪称经验法则中的思维捷径。它由脑中的一系列重复性经验构成。我们依靠启发法快速做出决策和判断，并在最短时间内找出解决方案。启发法是后天培养形成的第二本能，通过经验的逐渐累积来学习如何解决问题。训练次数越多、人生目标越多、创造出的思维捷径越丰富，我们就越能快速认清形势，有效解决问题 —— 无论是躲避子弹还是追寻成功机遇。判断力越强，我们越不容易失败，成功率也就越高。

具体细节如下：

掌握关键后，你可以做些修正。一旦熟练，直觉就派上用场了。

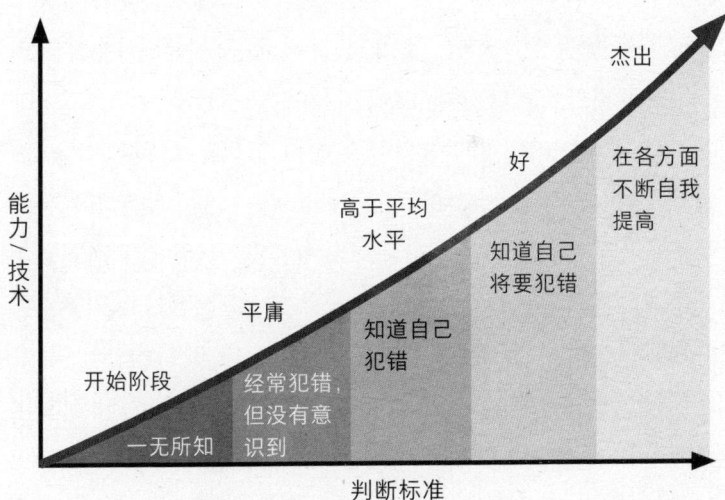

培养成功的直觉

学习马术时，我花了很长时间才认识到自己的错误。例如，在进入主赛道前，马要先热身，让四肢都活动开了，才能进行跳跃。不仅是赛马，作为骑手，你也要提前抻抻筋骨。热身时使用的障碍物，高度必须够低。放松，舒缓筋骨要循序渐进，不能一气呵成。几分钟后，马儿就要上赛道，以最快速度奔跑和跳跃。甚至它在进入状态前，不能过于紧张。慢慢升高障碍物，直到 5 英尺为止。切记，一定要循序渐进，别让马感受到压力。除非你们的骑手是菜鸟级别的。

头几场比赛里，教练不停地朝我嚷："别使劲拽马嘴！别扯它的头！"而我则一头雾水："他们在说什么？我明明很放松啊！"教练越嚷越大声，我也越来越生气，最终，我低头看了看握着缰绳的手，天啊，我果真太使劲了，连指关节都发白了，很明显，每次接近障碍物，我都在用力拉扯马嘴，上上下下，动个不停。你可以想象，在这种情况下，马很难腾空而起。我的全部注意力都在第一个障碍物上，根本顾及不上手的动作。我装作很镇静，但双手却出卖了我。我骗不了别人，尤其是我的马。经过很长时间的练习，我才能在教练批评我之前把动作做到位，之后又过了很长时间，我才习惯成自然，一上马手就放到正确位置。（别以为马儿多可怜。它好几次把我甩到地上。）虽然训练的过程既漫长又痛苦，但汗水毕竟没白流，在一场有 110 人参加的马术比赛中，我勇夺冠军，对手中既有专业人士，又有参加过奥运会的骑手。当然，那只是场训练赛，障碍物没那么高，但赢的却是我，这个曾经一握缰绳，手就绷紧的业余选手。

改善都是从基础着手。蛋糕出炉后，才谈得上装饰。把蛋糕坯烤好就是基础。通过长时间训练，你的本能会提升。然后做出更明智的决策。预测未来虽然办不到，但你的选择会越来越明智。最终，培养出成功的直觉。

连环赢家对成功和失败有着敏锐直觉。
对话、某人、某个场景、某个机遇，
他们都能在其中嗅出成功和失败的味道。

成功与失败就藏在生活的点点滴滴中。连环赢家眼光敏锐，听力超群。他们知道自己需要看什么，听什么——通过长时间的磨炼，他们早已耳聪目明。因此，他们可以做出明智选择，接连获胜。

不知道自己需要什么，无法解读眼前的一切，想成功简直难上加难。想在任何环境下取得成功，你必须具备透视能力，知道哪些方案有利可图，哪些方案必败无疑。这是种求而不得的优势。虽然需要付出巨大代价，但它所带来的益处却可供你终生享用。赢家们无时无刻不想成大事，所以他们必须努力奋斗，掌握这种技能——提高自身能力和判断力。

自我提高的最佳时机

自我提升的最佳时机是什么？就是你刚刚大获成功之后。连环赢家利用这段时间自我反省，弄清自身缺点和弱点是什么。通过之前的奋斗经历，他们知道哪里最艰难，哪里最需要努力。那些艰难的奋斗经历就是寻求改进的机遇。距离上次的成功经历越遥远，对于其中艰难时刻的记忆越模糊。这种损失是毁灭性的。

再看看那些偶然爆发的赢家。达成某个大目标，完成某项大工程后，他们在做什么？庆祝、庆祝、再庆祝。"我们做到了！我们赢了！"对于奋斗途中的那些致命缺陷，他们早忘到脑后去了。

完成某项大工程或客户布置的任务后，那些优质公司会召集员工做项目简报。哪些方面完成得好？哪些完成得不好？下次应该再做些什么？哪里有改进的空间？想把公司做大做强，这一步必不可少。大部分公司害怕回答以上问题。他们不想承认自己本该做到更好。倘若承认，那下一步必然是"如何做到最好？"公司不想投入过多时间、精力和金钱打造优质服务，不想培养员工，也不想提高领导力。

你应该提高哪方面？我无法回答。答案只有你自己最清楚。你知道自己的弱势在哪，知道哪里才有让你自我改善的机遇。放手去找，从现在开始。想想下次怎样才能更快取得成功。

让成功多点乐趣

尝试新事物，把事业做大做好，这永远令人激动万分，无论你成就怎样、年龄多大，不断学习，不断提高，踏上崭新的冒险征程，这才是激情人生的本质体现。

就在我撰写本章时，一个叫《比利和雷》（*Billy & Ray*）的新剧正在百老汇剧院上演。它讲述了导演兼剧本创作人比利·维尔德（Billy Wilder）和作者雷蒙德·钱德勒为《双倍赔偿》（*Double Indemnity*）编写剧本的故事。导演恰好是加里·马歇尔（Garry Marshall），他是位传奇演员、导演和作家，还是一系列热门大戏，比如《欢乐时光》（*Happy Days*）、《天生冤家》（*The Odd Couple*）、《风月俏佳人》（*Pretty Woman*）、《海滩》（*Beaches*）的幕后制作人。

之前，马歇尔涉足过舞台表演，所以这次他重操旧业并不令人惊讶。但这部剧非比寻常，它深入探究了两位艺术家之间那种充满争议的关系，而且这两个人都极其自负。一位是正处于恢复期的酒徒，在20世纪40年代，他曾试图避开那些推行好莱坞发行号制度的电影审查者。这个故事充满色情和暴力元素，改编起来十分困难，特别是据传言，这两位艺术家关系不和，经常吵架。但最终，《双倍赔偿》被改编成一部带有悲剧色彩的电影。

对马歇尔来说，这是一次崭新的挑战。"这部剧标志着我开始向悲剧电影转型。众所周知，我是做喜剧出身。"马歇尔告诉美联社记者。"这是我对另外题材的新尝试。面对挑战、品尝新鲜事物让我感觉很棒。"通过电视，我看到了马歇尔在某节目中的采访视频，他提到这部剧给事业带来了新机遇，并让他认识了新朋友。在言谈话语中，你可以看到他眼睛里闪着亮光。

尝试新鲜事物——对动力满满、具备创造性思维的人来说，这早不是新鲜事了。但加里·马歇尔已经80岁了！想想看，你80岁时能干些什么？面对新挑战？为何不在十年后动手？或者为何不明年动手？为什么不呢？

像马歇尔如此高龄的老人很少愿意尝试新鲜事物。他们对学习不感兴趣，只喜欢因循守旧，也不主动结交新朋友。实际上，某些年龄和马歇尔差了一半的人已经内心枯萎了。在他们眼中，自己已行将就木，哪还有什么机遇可言。这些人经常说："现在我也该享受享受人生了"，"今后我要求稳不求变"，"如果我能做到这点，就可以歇歇缓缓了"。劳逸结合、享受人生、求稳不求变都没有错，但长此以往，生活将变得无聊乏味，你也会越来越愤世嫉俗。

内心充满激情和干劲，眼神闪闪发亮……这不是说到就能做到的。你要秉承着拒绝沉寂、积极求变的人生态度，还要有探索新创意、体验新生活的激情。新朋友、新挑战、新经历、新能力，只有这些才能让你的人生更有价值、更有乐趣，也更有成就感。连环赢家肯定不会错过这个绝佳机遇。

分分秒秒、日复一日、年复一年，你的生活是否快乐，是否充实，是否令你满意？倘若答案是否定的，那就说明你对于新生事物接触得太少，也没有向生命注入更多的激情，所以此时此刻，你必须重新找回眼神中的光亮。众所周知：眼睛是心灵的窗户。

连环赢家知道，他们只能从下面的问题中找到生命的激情："接下来做什么？"他们将继续前进，继续结识新朋友，学习新知识，努力提高自身能力。因此，连环赢家永远干劲满满，激情四射，永远保持旺盛的创作力。

生活就是行动与改变。不要停下脚步，直至死亡降临。

如果你感到精疲力竭，行动力大大不足，那就先用我之前提到的 ABI（always be improving）法则把情况控制住。你是否曾经想去别处生活？你是否想过换工作，或另外找个领域重新创业？你是否需要在人际交往中投入更多精力，好让自己或对方满意？好好审视自己，看看自身哪方面是弱项、哪方面有待加强，然后积极做些尝试和改变。每次能力上的提升都将为你的生活注入活力和激情。

⏱ 逐渐成长

如何提高？当然是循序渐进。

成长都是一步步来的。想让自己更强，这是唯一的方法。冠军都是这样养成的，事业都是这样做大的，名著都是这样诞生的，英雄都是这样铸就的，一步一步慢慢来。

万事开头难。起步是痛苦的。每项工程都有濒临失败的时候、每位最有价值球员（MVP）都有犯傻的时候、每个大片都能找到一两个雷人的地方。刚接触新工作，你肯定会适应不良。刚张嘴说一种新语言，你的发音肯定惨不忍闻。那又如何？这是每个人的必经阶段。

面对开始阶段的艰难与痛苦，连环赢家不逃避，

也不抱怨，而是积极面对，拥抱挑战。

磨炼让他们做好准备迎接挑战，而迎接挑战的过程也同样是种磨炼。这就是精英的蜕变。整个过程也许没那么多乐趣，但只有经历它，你才能感受到成功的乐趣。

想做一些激动人心的事，想尝试新鲜事物，你必须从头开始。起步阶段肯定困难重重。你只好压下骄傲，埋头工作。要把学到的知识内化，让知识成为一种生活方式，耐心和信仰缺一不可。

连环赢家利用以下四种方式让自己充满干劲，不停向前，寻求发展：

- 合理估算，迎接竞争
- 向其他成功者取经
- 使用窍门
- 努力做到更好

衡量与对抗

你怎么知道某样东西价值几何？倘若有人告诉你，"这个电影非常精彩"，你怎么验证对方所说是真是假？如果你想弄清自己多擅长某事，你又该如何做？

有比较才有价值。

没有标准就无法得知自己是否有所提高。目标是什么？就是我们为自己定下的标准——我们用它来评价自己的表现，看看哪里还需要改进。多项研究表明，见证自己取得进步，看着自己实现飞跃，是最令人兴奋的事。奔跑达人喜欢与强劲的对手同场竞技，因为他们也能跑得更快。一旦失败，他们必须弄清原因，看看自己到底差在哪里。

赢家喜欢现实，要时时刻刻了解现实。赢家也喜欢数字，要想法设法实现超越。他们不怕辛苦，不怕付出，只想弄清如何行动才能获得成功。相比之下，输家讨厌数字，他们对现实不感兴趣，也不想全力出击。最好找个避难所躲起来，就算自己没达成目标，也无人注意到。

如今，大型机械给农民带来了福音，一个人就能轻轻松松收割数千英亩棉花。但在此之前，农民只能亲自下田，手摘棉花。我的叔叔马丁家就有棉花地，庄稼成熟后，他必须以最快的速度采摘棉花。当时只能靠手工劳作。叔叔一家全部出动，清晨下地干活，一干就是一整天。当时我年纪还小，倘若在丰收时节去叔叔家玩，我们也会帮忙收割。

虽然马丁叔叔只是一介农民，但在我看来，他在管理方面比起许多公司高管还要出色。所有参与劳动的人都有机会得到奖励，为了最大限度激发我们的干劲，马丁叔叔按照个人能力大小为每人制定了工作计划。小孩子摘25磅棉花，块头最大的摘200磅棉花。只要达到目标，晚上就能获得冰镇可乐和小甜饼。倘若你从未吃过如此美味，我建议你立刻买点回来。顶着大太阳在南佐治亚州干一天农活，晚上喝点冰镇可乐，吃点小甜饼，这简直是豪华享受。没完成目标就惨了，你只能坐在卡车后面，看着别人大快朵颐。采摘结束后，大家要去称重，验收劳动成果。只要有人抓起袋子向外跑，那肯定是重量没达标——为了几磅棉花而失去冰镇可乐和小甜饼，这太不值了，我得抓紧时间再摘点回来。瞧，马丁叔叔管起人来就是有手段。

不制定标准，你就无法充分发挥潜能。每次都做同样的事，何来进步？把目标定高一些，给自己施加点压力，这样才有提升空间。而另一方面，做任何事都要竭尽所能，以自我提升为终极目标，这样才能事有所成。

衡量使你专注

直到20世纪80年代，大部分人，包括科学家在内，都是基因选择论的支持者。成功是与生俱来的，和后天的培养没关系。在人们眼中，上帝造就英才，这是颠扑不破的真理。

即便是流传了数百年的谚语"熟能生巧"也要另做他解。

20 世纪 80 年代晚期到 90 年代早期，研究者证实"所谓实践并非随便做做就可以"。想取得真正意义上的突破，必须以自我提高为准绳，进行与其相关的实践，这才是熟能生巧的真正含义。制定标准，衡量自己是否有所增进也是实践的关键所在。

把目标定高一点，你才有压力，才能努力奋斗，才能在最短时间内看清自己哪方面有待提高。研究者表明，这是保持干劲，以求获得自我提升的关键步骤。

一心二用不会有好结果。

随着能力越发提升，我们可能进入心流状态。心流理论的创始人是心理学家米哈里·契克森米哈（Mihaly Csikszentmihalyi）及其团队成员。心流是"场"的另一种说法。当我们被某种活动深深吸引，陶醉其中无法分神时，我们就进入了心流状态。研究发现，经常进入心流状态的人更开心，更容易满足。心流状态也是成大事者的必备要素。成功有哪些必要条件？设立几个清晰、富有挑战性，又在你能力范围内的目标，随时自我检视，看看你是否有所进步。

制定目标，自我提升。给自己一个衡量进步的标准。看看自己是否进步神速！

竞争带来动力

赢家不惧怕竞争。事实上，大部分赢家热爱竞争。他们想方设法参与其中，因为竞争是动力的源泉，可以最大限度激发内心的潜能。面对挑战，你必须足够专注，竭尽所能突破瓶颈，尽情发挥创造力，这才是解决问题之道。在竞争的舞台上，赢家永远满怀激情，他们不停学习新知识，磨炼已有技能，提高做事效率。结果呢？当然是登峰造极。

有时，我们的竞争对手是自己——试图超越以往的最佳战绩。有时，竞争对手是他人——比拼销售业绩、晋升快慢，或者和其他公司争抢市场占有率。无论对手是谁，在竞争过程中，我们都能更深刻地了解自己和这个世界。我们将理念与技术付诸实践，并取得进步。

没有竞争、没有衡量标准，也就没有提升可言。缺乏激情与干劲的生活是多么乏味无聊！

向胜利者学习

有人之所以苦苦挣扎、提升无门，通常情况下有两个原因。第一，他们跟错榜样，碰到了夸夸其谈的家伙——这些人要么根本没成功过，要么没取得过大成就。第二，他们不想与成功者比肩而立。他们害怕比较，被吓破胆了。

这是典型的输家思维。

有段时间，我特别想学滑雪。之前，曾和家人尝试过几次，感觉非常有趣。但我不想按部就班地从头学起，我只想在大山里滑雪。因此，我决定找个最好的老师，用一周时间掌握所有技能。最终，我请了菲尔·梅尔（Phil Mahre），他是世界顶级滑雪运动员之一，曾三次获得国际滑雪联合会（FIS）高山滑雪世界杯冠军，除此之外，还在奥运会中斩获过金、银牌。1985 年，菲尔和自己的双胞胎兄弟史蒂夫，在科罗拉多州的启斯东成立了梅尔培训中心。在 1984 年冬奥会上，他们分别获得了大回转项目的金、银牌。看来，找他们当教练是个明智的选择。

训练营被分为几组，一天早晨，菲尔单独带我们组上课。面对面与世界冠军交流，想想就令人激动。菲尔话不多，甚至比其他教练还少，但每次回答学员的问题，他总能讲得更详细、更具体。怪不得菲尔能成为世界冠军，听过他讲课你就深有体会。和别人比起来，他就是有点特别。

什么样的滑雪靴合适、多大的滑雪板最好用，对初学者来说，是永远讨论不完的话题，但对菲尔来说，装备如何根本不重要，随便找块木板绑脚上，人家照样能滑雪。看菲尔滑雪简直如临梦境。你也许认为和菲尔一起高山滑雪实在吓人，但事实并非如此。他滑得太好了，因为他已经滑了成千上万遍。我才学了 3 天，菲尔已经有了 20 多年的经验，水平比不上人家理所当然，傻瓜才会因此而沮丧。菲尔从小在山中长大。他父亲是华盛顿雪色走廊滑雪中心的山区经理。菲尔和史蒂夫 12 岁时，滑雪板经销商就免费送给他们滑雪板。15 岁，菲尔成功跻身美国滑雪国家队。如果我也从小涉足滑雪，至少也能学个样子，帅气地滑到山脚下。既然没有这种经历，如今，我又怎么能期盼达到他的水准呢？

更重要的是，通过和菲尔学滑雪，我领悟到了快速学习的窍门。

　　无论学什么，赢家都能将学习过程尽可能简化。

　　为什么向赢家取经如此重要？因为他们已经为成功付出了代价。他们投入了 10,000 小时的精力，他们进行了创新，解决了常人无法解决的难题。向赢家取经，你能更快获知成功的奥义，因为赢家已经把与成功无关的杂质过滤掉了，剩下的都是精品。古语说："与智慧人同行的，必得智慧。和愚昧人做伴的，必受亏损。"

　　想持续提升自我，就多听听过来人的话，胜利者的建议堪比无价之宝。

多多听取良策

　　多多听取良策，但要睁大眼睛，小心为上。别忽视年轻人的建议，别轻视新手，多向同事和竞争对手学习。生活永远在变。我们拥有不同的经历，即便是最成功的人，也要每天吸收新鲜事物。你认为外科医生不会读新近医学院毕业生的文章吗？科技大拿不会理睬麻省理工或加州理工学院学生的创意吗？和你一样，其他人也在想方设法改造这个世界。他们应该向你学习。你也应该向他们学习。相互学习就是自我提升的过程。广纳四方建议，同时运用判断力，观察这些创意能否助你取得辉煌成就。经过考验的才是有价值的。

　　良策是免费的。它能帮到别人，就能帮到你。找个喜欢的创意，努力实践，看看效果如何。

　　迪士尼帝国就是这样建成的。沃尔特·迪士尼喜欢在各部门间来回巡视，随时收集新鲜创意，听大伙讲故事。将一个部门的创意传授给另一个部门，如此循环往复，公司上下都能保持干劲，齐心向前。

近水楼台先得月 —— 时刻追随赢家的脚步

向赢家学习，选择正确的环境十分重要。你必须全程观察他们的所作所为。别指望赢家主动告诉你他们怎么做。坦白说，通常情况下，没人能做到这点。精确描述，仔细分析自己获得成功的全过程，这相当困难。专家告诉你如何做家长，如何通过锻炼来养生或如何提高销售业绩，这些仅仅是就事论事，他只能告诉你他的做法而已。其实，做事方式只是成功的一部分，另一部分是极度个性化的东西，这是言语无法传递的，也是他人无法模仿的。除此之外，你听到或读到的一切都要经过自身的理解和消化。赢家思考后总结出自己的成功经验，你听完对方的讲述还要再理解消化一次。因此，你学到的所谓经验只是对成功者经验的二次加工而已，它并非真谛，更算不上秘籍。模仿成功者只是征程的起点，绝不是终点。

做事方法可以言传，
但成功者的特质只能你自己去发现。

多和成功者接触，越多越好。无法言传的部分 —— 对细节的关注、如何思考、如何开展业务 —— 是获得成功的关键。

成大事者必有过人之处。最好的办法就是与成功者近距离接触，仔细观察他们的一言一行。只有站在巨人的肩膀上，参考成功者的做事方法，运用判断力，发现自己身上的过人之处，你才能体会到真正的乐趣与满足。

发挥自身的聪明才智

操作机器人或电脑，一个好用的程序就够了。这就是为什么数百万甚至数十亿民众都用相同的软件和线上服务来处理邮件、搜索网页或与"网友"分享信息。一个好用的程序足以满足大部分需求。

人工服务就不同了——每个人都是独特的个体，自我提升与获得成功的方式不尽相同，具体细节要依照个性、经验以及学习和做事方式来决定。每个人资质各异，态度、技能、天赋、想法、人际关系和观点看法也大相径庭。

先掌握基本技能，之后若想成大事，
你必须发挥自身的聪明才智。

只要不犯愚蠢错误，照搬照抄他人的做事方法，你自然要动脑子，充分发挥主观能动性。这是个不错的开头，但如果你想加快速度，尽早做出成绩，那就要发挥你的独特个性了。为什么？因为成功者都善于创新。掌握基础技能后，成功者要将之前所学为己所用。运用基础技能的同时——就是做事的同时——还要兼顾自我提升。想让事情更快更好地发展，创新这一环必不可少。

最伟大的成就来源于自我发现，而发现的前提是动手做，而非用眼看。掌握基本技能后，榜样任务就完成了，一味地僵化模仿是故步自封的表现。你想看老虎伍兹打球还是看其他人模仿老虎伍兹打球？你喜欢听埃里克·克莱普顿唱歌还是喜欢听别人翻唱他的歌？一个是毕加索的真迹，一个是几乎完美的仿制品，哪个更珍贵？当然是真迹！想成大事，就要在前人的基础上创新，秀出自己的风格。

有新想法就去试试，别忽略它们的存在。倘若有效，就坚持下去。无效就换种方式，继续努力。全方位提升自己，你才能找到最合适的成功之道。它是否适用于其他人，这并不重要。别人能否理解，这也不重要。对你来说合适才是王道。比如，有人喜欢用电子日历。有人喜欢在桌子上记东西，把桌面弄得密密麻麻的，这样好随时提醒自己。有人喜欢把桌子收拾整洁，纤尘不染。有人就需要桌子乱一点才能产生灵感。

我的朋友比尔走到哪都随身携带牙膏牙刷。每次吃完饭或零食，他都要刷牙。在你眼中，这是典型的强迫症，但对他来说，这十分关键。随时刷牙是比尔的习惯，也是他建立成功人生的重要一环。比尔非常优秀，他自始至终完全将生活纳入自己的掌控之中。因此，他是赢家。

不要对怪癖二字嗤之以鼻，它是你的名片，是彰显个性的招牌。无论你有怎样的怪癖，这都是你的生活。"我就爱这样活着。管别人怎么想，管别人怎么看。"为生活创造出独一无二的架构，将掌控权牢牢握在自己手中——世界瞬息万变，但内心必须安如泰山。提高对自身生活的把控可以让我们更积极地面对未来。研究显示，幸福是成功的前提，先有幸福才有成功，顺序不容改变。更幸福的人更成功，这个真理放之四海而皆准。

找到最吸引你、最能给予你动力的事，然后锁定目标，这是取胜的关键。从此，你将走出脆弱，迎来自信和力量。想自我提升，你必须做自己。当你选择做自己时，一切才真实。你的表现很自然，因为只有你才知道如何做自己。模仿别人是痛苦的，因为你永远成不了别人。在你心里，被模仿的对象永远技高一筹，你则永远矮人一截。长此以往，你的内心会缺乏安全感，变得越来越脆弱。你永远在比较，看到的总是自己的缺点。在消极情绪的笼罩下，你会意志低沉，胆小怕事，做事毫无效率可言。

无论如何，你已经走到了今天，获得了一些经验，有了一定成就，也得到了些许教训。你建立了人脉，知道自己擅长做什么，了解自己的喜好，知道自己喜欢什么样的工作模式，和什么样的同事一起合作。总之，你费尽九牛二虎之力才过上今天的生活。充分利用现有资源，满足自身所需。具体如何做？运用 ABI 法则。

问问自己："我要怎么做？计划是什么？有什么方法？哪些对我最有效？"想获得最大程度的提升，取得显著成就，这些问题尤其关键。

控制好时间

成功路上陷阱密布，一着不慎满盘皆输。眼看目标就要实现，突然，前方出现许多诱惑，你只是稍稍分神，转移了注意力，表面看去无伤大雅，但待你回过神来，优势已然不在，你终将一败涂地。

成功改变了你的生活。机遇纷纷而至，更多人想邀你入伙，想加入你的团队。倘若成功意味着物质回报，那么当下，你的首要任务并非如何理财，而是如何管理你的时间与精力。你必须更加自律才行。一旦偏离人生轨道，你将无法获得持续性提升，所谓成功，也只能是昙花一现。

拒绝诱惑，珍爱时间

花些时间好好梳理一下眼前的机遇。每份计划都需要修改与精炼，将不必要的内容及时删除。做事要快马加鞭，预计 1 小时完成的任务 30 或 45 分钟就能做完。事必躬亲没必要，能委托他人做的就分派出去。分析一下每天的时间安排。保留重要的事项，剔除不必要的。需要优先办理的提前做好准备。不要总做相同的事，这样你就没有进步的空间。向前走才有提升的可能。

连环赢家都善于说不。

没人是多面手。也没人希望你不顾健康，为了成功整日忙得团团转。生活有多种选择。不要为自律和有条理而感到不好意思，不要受到他人诱惑就放松对自己的要求。恰当安排时间，保持精力应对工作，这是成功的保障。不一定非得锱铢必较，但你要有主见。缺乏经验的人从不拒绝对方，但很快他们就会发现，这完全行不通。

倘若你成功过，你就一定知道如何努力工作。但问题是，你是否能更聪明地工作？能否运用智慧？尽量将事情简单化。最大限度地利用时间。如何把该做的事更快更好地完成？如何让下次成功更早到来？

最后，安排好个人生活。忙于打拼事业，生活难免一团糟。必要时休息休息，别太拼命。自律并不意味着把所有时间都投入到工作上，成功不能以牺牲健康为代价，更不能影响生活——特别是人际关系。记住，该休息就休息。找点时间给自己充电、做运动，或陪陪生命中最重要的人。

* * *

越过终点线后，成功者立刻把注意力放在下个目标上。为什么？因为提升是能力增长的关键，而能力增长则是成功的关键。只赢一次就罢手，这不是连环赢家的做事风格。但生活其他方面呢？连环赢家也能一一搞定？真正的成功绝非一锤子买卖，而是建立起一套**以成功为导向的做事方法**。只有方法正确了，你才能秉持积极的态度，不断向前。从此，失败不再可怕，激情与动力会常伴你左右。不以自我提升为己任，你就不知道"下一步该干什么?"

重要的不是你在哪里，而是你要去哪里。

把眼光放高，目标放远。时刻保持干劲，别丢掉气势。给自己找个坚实的理由，敦促自己不停向前。成功一次了不起，但做个连环赢家将完全改变你的一生。回归根本，着眼于当下。时刻提醒自己，连续获得成功和首次获得成功一样困难。接受挑战，屹立不倒。

做人生的连环赢家

就在鲍勃·特利去世前不久，我和他有过一次长谈，内容当然是他的辉煌八年 —— 带领纽约扬基队连续八次夺得世界棒球职业大赛冠军。鲍勃身边总围绕着全世界各领域的成功人士 —— 包括体育界、商界、娱乐界和政界。每天，无论场上还是场下，鲍勃都喜欢和扬基队的传奇人物待在一起，比如乔·迪马乔（Joe DiMaggio）、米奇·曼特尔（Mickey Mantle）、约吉·贝拉（Yogi Berra）和惠特·福特（Whitey Ford）等。不仅如此，鲍勃还会见过七位美国总统。我想问问鲍勃，伟人和普通人的区别在哪里。虽然我们一起工作了数十年，但他的回答仍旧令我震惊。鲍勃是这样说的：

- 他们从不认为自己优秀，大多都很谦虚。
- 他们每天都在提升自己（也许他们认为自己不够优秀）。
- 他们热爱自己的事业，比普通人多那么点热情。

这本书没有魔法，也不是万灵药，因为每个人、每个生命、每次境遇都是不同的。更关键的是，你之所爱并非我之所好。想在热爱的领域取得伟大成就，我们必须参考成功者的做法，找到正确的做事方式。

如果观察得足够仔细，你就会发现，所谓成功，就是一个循环的过程。一赢再赢，其过程都是相同的：尽快决定、300% 努力、调整适应、100% 完成、持续改进。

在孩提时代，我们就明白这些道理。这不是新知识，也没什么难度，但需要你全情投入，聚精会神。

我在序言中说过，这是本教你如何做事的书 —— 连环赢家都是实打实做出来的。他们一直在做，永远在做。连环赢家没时间郁郁寡欢，他们不做梦、不等待、不寄情于希望。他们执着于目标，绝不浪费时间和精力。他们用自己的方式重复做着以上五件事，不达目的誓不罢休。

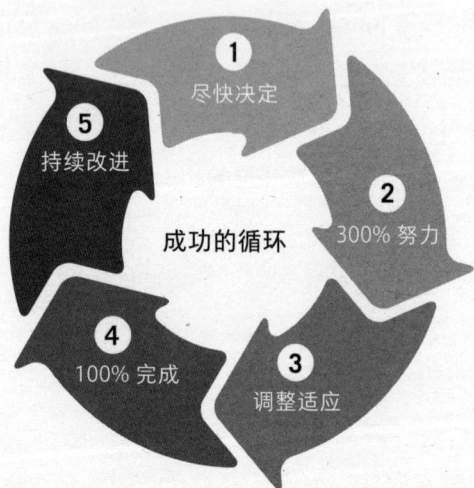

1 尽快决定
2 300% 努力
3 调整适应
4 100% 完成
5 持续改进

成功的循环

倘若这本书不是万灵药，它又是什么呢？它是教给你如何自我管理的指南。乍一看，自我管理好像归于心理学范畴——如何保持正确态度，树立正确思维。老话说得好，态度决定一切。正确的态度是获得成功的前提。我们必须端正态度。但我的观点刚好相反。行动决定态度。行动正确，态度就端正。照着胜利的循环按部就班，态度自然不成问题。因为做事——做有助于进步、富有成效或艰难的事——能让我们逃离黑暗与消极。胜利的循环就是行为的组合，通过行动，我们能收获积极的态度，让工作富有成效。改变行动是改变态度的唯一方法。

当然，内在动机不可忽视。为什么有些人浑身充满干劲，有些人却天天无精打采？因为前者找到了为之奋斗的目标。朝着理想奋进是人类的天性。瞧瞧两岁小孩你就明白了，小家伙一门心思想做什么，父母怎么拉也拉不回来。为理想而奋斗的人生才有价值可言。人类就是这样影响世界的——不停发现，然后与人分享。

自我管理植根于欲望，你想成大事，想做人上人，想为世界做出巨大贡献。连环赢家正是如此。他们一遍遍践行着内心的誓言。他们的成功影响了周遭的人——在榜样的作用下，我们谈他们谈过的事，和他们学习如何投入精力、安排时间。连环赢家越成功，影响越大。这种影响的基础是热爱。他们热爱自己的事业，喜欢创造与众不同的人生，他们期盼成长和自我提升，喜欢鼓舞帮助他人，但最重要的是，他们渴望成就。

《体育画报》花了六个月时间研究无家可归的高中和大学

运动员。他们收录的故事既有趣，还充满英雄气概。有一项发现尤其令我感兴趣。乔恩·维特海姆是（Jon Wertheim）《体育画报》的执行编辑，他说过这样一番话："刚开始，我们以为这些孩子只是一时兴起罢了，他们想扣篮、想成为一场独得30分的凯文·杜兰特（Kevin Durant），但最后，我们才得知……许多孩子确有思想准备，他们知道实现梦想必须克服种种困难。成功背后的故事……孩子们都铭记于心。"

只要顺利进入成功循环，你浑身都会散发正能量。不是体育巨星也没关系，你同样能为公司、小组成员、家人或朋友带来积极影响。过上最充实的生活，受益的不仅是你自己，改变的还有这个世界。因此，成大事之前，你千万不能目光短浅，停滞不前——否则，就是辜负上帝的恩赐。

想自我提升，成为大人物吗？如果答案是肯定的，那就快些行动，时间从不等人。立下大志，但在最后关头功亏一篑的有的是，这个世界需要脚踏实地、真正做事的人。你可以成为这样的人，也需要成为这样的人。做连环赢家，让自己的人生更辉煌，也让这个世界更美好。

致　谢

　　之所以撰写本书，就是因为在某个时刻，我突然意识到自己何其有幸，竟有机会接触到如此之多的成功人士。你可以在书中读到他们的名字。能与读者分享他们的名言，共读他们的人生故事是我最大的荣幸。

　　组织材料，提炼观点不但耗时费力，而且极度枯燥。没有小组成员的帮助，就没有本书的付梓。这些同事智慧超群，工作努力，但最重要的是，他们满怀激情，对我百分百地支持。在写作的初期阶段，凡妮莎·希尔韦斯特（Venessa Sylvester）和特雷西·斯图艾尔（Tracy Stuever）为我提供了非常重要的帮助。苏珊·奥康纳（Susan O'Connell）和西恩·奥康纳（Sean O'Connell）也为我提供了宝贵的反馈意见。泰勒·哈姆林（Taylor Hamlin）功不可没，我能顺利完成本书，很大程度上要归功于他出众的组织和人际交往能力；布兰特·科勒（Brent Cole）和拉里·毕肖普（Lari Bishop）与我通力合作，提出了许多重要观点和撰写意见，他们是当之无愧的大功臣。

　　感谢一直帮助我的家人、朋友和商业伙伴。他们让我踏上成功者之路，敦促我完成生命中的一件件重要大事。我的两个儿子，亚当和布莱恩让我随时保持警觉，忠于内心。我永远不会忘记，亚当八岁时对我说的话："爸爸，借口就像肚脐眼，谁都有。"布莱恩始终让我铭记，天空才是极限，我们要为生命中的美好而奋斗。因此，我时刻心怀感激。

图书在版编目（CIP）数据

普通人的成事方法论 /（美）拉里·维德尔著；秦
程程译 . -- 南昌：江西人民出版社，2020.5
　　ISBN 978-7-210-12219-7

　　Ⅰ.①普… Ⅱ.①拉… ②秦… Ⅲ.①自我管理—通
俗读物 Ⅳ.①C912.1-49

中国版本图书馆CIP数据核字(2020)第058459号

普通人的成事方法论

作者：［美］拉里·维德尔　译者：秦程程
责任编辑：冯雪松　特约编辑：李峥　筹划出版：银杏树下
出版统筹：吴兴元　营销推广：ONEBOOK　装帧制造：墨白空间·杨雨晴
出版发行：江西人民出版社　印刷：北京盛通印刷股份有限公司
889 毫米 × 1194 毫米　1/32　5.75 印张　字数 100 千字
2020 年 8 月第 1 版　2020 年 8 月第 1 次印刷
ISBN 978-7-210-12219-7
定价：36.00 元
赣版权登字 –01-2020-143